d

Connie Palmen

Idole und ihre Mörder

Aus dem Niederländischen von Hanni Ehlers

Diogenes

Titel der 2004 bei Stichting Maand
van de Filosofie, Amsterdam,
erschienenen Originalausgabe:
›Iets wat niet bloeden kan.
Over moord en roem, echt en onecht‹

Nachweis der zitierten Literatur
am Schluß des Buches
Umschlagillustration: Anna Keel,
›Fabienne mit Pelzjacke‹, 1987

www.diogenes.ch
80/05/8/1
ISBN 3 257 06472 1

Am Morgen des neunundzwanzigsten Dezember 1993 läutet es an meiner Tür. Es ist halb elf. Das muß der Postbote sein. Ist er auch. Aus dem Erdgeschoß ruft er zu mir herauf, er habe ein Paket für mich und brauche eine Unterschrift. Es sind drei Treppen nach unten. Der Briefträger händigt mir einen schweren Karton aus und fragt, ob der nicht zu schwer für mich sei. Es geht gerade noch. Während ich die Treppen zum obersten Stockwerk hinaufgehe, sehe ich mir die diversen Stempel und Aufkleber an. Der Karton kommt aus Deutschland, Wiesbaden. Ich kenne niemanden in Wiesbaden. Die Zusteller werden zur Vorsicht gemahnt, der Inhalt sei zerbrechlich. Wein, denke ich. Ich stelle meine Fracht in der Küche auf die Arbeitsplatte, reiße das braune Packpapier herunter und stoße auf eine Lage farbenfreudigen Geschenkpapiers. Danach kommt ein Holzkistchen zum Vorschein, dessen Deckel fest vernietet ist. Als ich ihn mit einem Schraubenzieher aufbreche, rutsche ich mit der Hand ab und verletze mich. Ich verfluche den unbekannten Spender, der mit diesem Geschenk in mein Haus eingedrungen ist. Noch dazu ist es kein Wein, sondern Champagner. Drei Flaschen Bollinger, Special Cuvée Brut. Ich suche in der Holzwolle nach einer Karte oder einem Brief, um zu erfahren, wer der Absender ist, doch ich finde nichts. Einziger Anhaltspunkt ist der Lieferschein vom Hessischen Wein- und Sekt-Kontor. Darauf ist ein Name angegeben: Präsent i. A. Dr. Ludwig von Gandersheim. »Präsent« schlage ich sicherheitshalber nach. Klein geschrieben bedeutet es »anwesend«, und groß geschrieben »[kleineres] Geschenk«. Bei i. A. steht »im Auftrag«. Ja, so kann man es lesen. Das Geschenk ist im Auftrag dieses Dr. mit einem Mal in deinem Haus anwesend, aber dieser »Dr.« selbst ist nicht da, und die Art dieser Abwesenheit verursacht mir ein unangenehmes Gefühl. Irgend jemand in Deutschland hat sich die Mühe gemacht, eine Adresse in den Niederlanden ausfindig zu machen, vielleicht ist es das, dieses Engagement. Irgend jemand kennt mich, weiß mich zu finden, hat an mich gedacht, und ich kenne diesen Jemand nicht. Wahrscheinlich gehört er zum Kreis meiner Leser, die ich seit einigen Monaten, seit mein erstes Buch dort erschienen ist, in den deutschsprachigen Ländern habe. Ich bin verärgert. Ich mag keinen Champagner, und meine Hand blutet. Ich schreibe »Danke« auf eine Karte und schicke sie an diese Weinhandlung, zu Händen Dr. Ludwig von Gandersheim. Man weiß schließlich, was sich gehört.

Einige Tage nach Neujahr wird mir ein zweites Kistchen Champagner zugestellt. Diesmal liegt dem Präsent ein Brief bei. Er ist von Hand geschrieben, einer alten Hand, das sieht man ja irgendwie. Da ist so etwas Zittriges im Strich. Mit einiger Mühe entziffere ich, daß Dr. von Gandersheim mir ein sehr glückliches neues Jahr wünscht, mit viel Kreativität, reichen Gedanken und vor allem guter Gesundheit. Er hofft, daß der Champagner mir und den Meinen gemundet hat. Er ist Internist im Ruhestand. Die letzten Jahre seines Berufslebens war er Direktor eines Sanatoriums, doch diese Tätigkeit mußte er Anfang vorigen Jahres aufgeben, weil er schwer krank ist. Seit er mein Buch gelesen hat, bin ich ihm nicht mehr aus dem Kopf gegangen. Man kann es ruhig eine Obsession nennen. Das Foto auf der Rückseite des Umschlags hat er vergrößern lassen und über seinen Schreibtisch gehängt. Er blickt jetzt darauf, während er diesen Brief schreibt. Sein letzter Wunsch ist es, mich zu treffen und für mich dasein zu können. Der Blick in den Augen auf diesem Foto bittet darum, um Schutz, oder eher noch um Rettung. In aller Bescheidenheit ersucht er mich, ihn zu empfangen, möglichst noch in diesem Monat. Hochachtungsvoll. Unter dem Brief steht in einer anderen Handschrift, die vielleicht sogar noch unleserlicher ist, ich möge ihrem Mann doch bitte diesen Wunsch erfüllen. Es bedeute ihm alles auf der Welt. Helena von Gandersheim-Horwicz.

Persönliche Begegnungen mit individuellen Lesern habe ich bis dahin wohlweislich vermieden, aber diesmal wird mir das nicht gelingen. Dieser Gang der Dinge, dieser Brief haben etwas an sich, was mich beklemmt, und ich habe das Gefühl, daß ich mich mit diesem Mann treffen muß, um die Ursache dafür zu beseitigen. Hinzu kommt, daß man einem Sterbenden nichts abschlagen darf, so sehr einem auch danach sein mag. Ich schicke eine Ansichtskarte an die Adresse in Wiesbaden, die auf das altmodische, geschmackvolle Briefpapier gedruckt ist. »In Ordnung«, schreibe ich. Ein Arzt, da ist doch nichts dabei, beruhige ich mich selbst.

Er wohne im Hotel de l'Europe, wie immer, wenn er in Amsterdam sei, hat er am Telefon gesagt. Dort werden wir auch zusammen essen. Es ist Mitte Januar. Ich bin am Vormittag des Tages, an dem wir verabredet sind, ganz normal bei der Arbeit, als es läutet. Postbote, denke ich, doch als ich von oben die Haustür geöffnet habe, höre ich jemanden die Treppe heraufkommen. Das tut der Postbote nie.

»Hallo?« rufe ich.

»Von Gandersheim.«

Mit dem Gedanken im Hinterkopf, daß ich jemandem von dieser Position aus nur einen Tritt zu versetzen brauche, um ihn die Treppe hinunterdonnern zu lassen, bleibe ich in der Wohnungstür stehen. Kurz darauf blicke ich in das Gesicht eines soignierten Herrn mit Monokel und so einem strichdünnen Oberlippenbart à la David Niven.

»Endlich«, sagt er, ein wenig außer Atem, »ich bin bei Ihnen.«

Mit kaum verhohlener Abwehr und Irritation sage ich, daß ich ihn jetzt nicht empfangen könne, daß ich bei der Arbeit sei und wir erst am Abend verabredet seien.

Er sagt, das Taxi warte unten vor dem Haus, er sei gleich wieder weg. Er wolle mir nur ein Geschenk überreichen. Er strahlt, und nichts an seiner Haltung verrät, daß er mir zum erstenmal gegenübersteht, daß er vielleicht überrascht ist, jetzt, da er mich leibhaftig sieht, oder irgendeine andere Form von Verlegenheit, Unbehagen oder Unbeholfenheit, die sonst meistens mit ersten Begegnungen einhergeht. Es ist, als würde er mich seit Jahren kennen und hätte erst gestern noch den Tag mit mir verbracht. Wer rot anläuft und herumstottert, bin ich, weil mich das Päckchen, das er in der Hand hält, wieder in die Enge treibt und mir die Waffen aus den Händen schlägt, mit denen ich meine Zeit verteidige. Dieses Geschenk ist Bestechung. Bei mir schrillen die Alarmglocken.

»Na gut, ganz kurz«, sage ich und lasse ihn in mein Apartment herein.

Mit einer gewissen Unverfrorenheit schaut er sich um, bevor er am Tisch Platz nimmt. Er entschuldigt sich für das Monokel und zeigt mir, warum er es aufbehält. Er nimmt das runde, getönte Glas ab und entblößt ein Auge, in dem ein Äderchen geplatzt ist. Auch diese Handlung hat etwas Unverfrorenes, und ich halte das blutunterlaufene Auge für ein böses Vorzeichen, wenn ich auch nicht weiß, wofür. Er sagt, es komme von den Medikamenten. Das Monokel ist mit einem Goldkettchen an seinem Revers befestigt.

Mit leichtem Widerwillen wickle ich das längliche Päckchen aus. Es ist eine Schachtel mit zwei Montblanc-Stiften, einem Füllfederhalter und einem Kugelschreiber.

»Ich habe etwas eingravieren lassen«, sagt er.

FÜR MEINE CONNIE PALMEN, lese ich.

In goldener Kursivschrift steht dort der gefährlichste Irrtum, den der Fan begehen kann, eingraviert in mein Lieblingswerkzeug. Ich gehöre ganz ihm, das weiß ich, aber nicht in meinem Beisein. Und das weiß er nicht.

Abends erwartet er mich in der Lounge seines Hotels und erhebt sich flink aus einem Sessel, als mich die Drehtür nach kurzem Arrest freigibt. Er nimmt mir den Mantel ab. Ich bin froh, daß ich das Hotel gut kenne und die Leute, die dort arbeiten, wissen, wer ich bin. Zu Hause habe ich gesagt, wo ich den Abend verbringe und daß mir die Verabredung ein bißchen umheimlich ist.

»Warum gehst du dann hin?« lautet die Frage.

»Weil mir so ist, als bedürfe es des Echten, um etwas zu beschwören«, lautet die Antwort.

»Wahrscheinlich bin ich der erste und einzige Deutsche, dem Sie in Ihrem Leben begegnen werden, der unter dem Naziregime gedient hat und zu Huren gegangen ist«, sagt er. Aufgrund dieser Bemerkung beginne ich mich ein bißchen wohler in meiner Haut zu fühlen. Er ist Jahrgang 1924 und war im Zweiten Weltkrieg Pilot. Er hat einen amüsierten Zug im Gesicht, dem ich bei älteren Menschen eine gewisse Weisheit entnehmen zu können glaube, und seine Augen versprühen ziemlich viel Lebenslust. Das Monokel steckt in seiner Brusttasche, aber dank des gedämpften Lichts im Restaurant ist der blutige Fleck in seinem Augenwinkel weniger deutlich sichtbar. Vor gut acht Monaten wurde bei ihm Prostatakrebs diagnostiziert, er ist selbst Arzt, er weiß also, daß nichts dagegen zu machen ist. Von Chemotherapien oder Operationen will er nichts wissen, weil sie keinerlei Sinn hätten und ihm nur den letzten Rest seiner Zeit vergällen würden. Lediglich Medikamente, die das Tumorwachstum bremsen, nimmt er ein. Er möchte nicht zu lange von seiner Krankheit sprechen, er erwähne sie nur, weil es im Zusammenhang mit dem, was zwischen uns passiert sei *(sic!)*, von Bedeutung sei. Sein terminaler Krebs sei genau zu dem Zeitpunkt diagnostiziert worden, da mein Buch in Deutschland herausgekommen sei. Von dem Tag an, da er das Buch gelesen und vor allem mein Foto gesehen habe, seien der nahende Tod und ich für ihn unlösbar miteinander verbunden. Wichtig zu wissen sei, daß die Medikamente ihn veränderten, sein Wesen, sein Gefühlsleben. Da der Tumor unter dem Einfluß des männlichen Hormons wachse, enthielten die Medikamente hohe Dosen weiblicher Hormone, und vielleicht glaube er deswegen, mich bis ins Innerste zu kennen und sich vollkommen eins mit mir zu fühlen. Und da sei noch etwas; seine erste Frau, Anna, habe Selbstmord begangen, vor fünfzehn Jahren.

Sie sei eine gequälte Seele gewesen, sie habe gemalt. Ich erinnerte ihn an sie. Sie sei durch mein Buch wieder zum Leben erwacht. Gerade als ich mich ein wenig entspanne, sagt er: »Ich wollte Sie ermorden.«

In Studien über Mörder und Serienmörder wird regelmäßig postuliert, Mordphantasien seien eine Flucht aus der Wirklichkeit, einer Wirklichkeit, die häufig durch Minderwertigkeitsgefühle und das Fehlen sinngebender Beziehungen gekennzeichnet sei. Der tatsächliche Vollzug des Mordes, also die Umsetzung einer Phantasie in die Wirklichkeit, verschaffe dem Mörder ein Gefühl von Euphorie. Er hat die zehrende Einbildungsarbeit beendet und eine Tat vollbracht. Dadurch kommt er sich allmächtig und echt vor und nicht mehr wie ein eingebildetes Wesen, wie ein Gefangener seiner Phantasie. Diese Empfindung der Selbstverwirklichung ist einem Autor nicht fremd. Erst der erste Roman, der gedruckt wird, in der Buchhandlung liegt, gekauft und gelesen wird, macht den Schriftsteller zum Schriftsteller. Die Wirklichkeit des Buches beendet die Einsamkeit der Phantasie, ein Schriftsteller zu sein. Das Werk enthüllt somit auch etwas über das eingebildete Leben, das ihm voranging, über die Ambitionen, Wünsche, Phantasien, darüber, wer man sein wollte, über Träume, die man lieber für sich behielt, solange die Phantasie nicht durch eine Wirklichkeit gerechtfertigt wurde. Der Mörder ist in seinen tiefsten Gedanken ein Gott. In seiner Einbildung beherrscht er das Szenario und entscheidet über den Verlauf, und alles wird sich so abspielen, wie er es will. Seine Einbildung kreist darum, was er mit dem Leben eines anderen machen kann. Er hat eine völlig einseitige Beziehung zu diesem anderen, sie existiert nur in seinem Kopf. Dennoch ist es letztlich sein Wunsch, nicht nur in der Isolation seiner Einbildung, sondern auch in der Wirklichkeit ein Gott zu sein und äußerste Macht über den anderen ausüben zu können. Die äußerste, göttliche Macht, die einem Menschen auf Erden vergönnt ist, ist das Vermögen, zu urteilen und über Leben und Tod zu bestimmen. Und beim Mörder wird der Tod daraus. Das ist es, was der Mörder zu bieten hat. Und wie das Buch den Schriftsteller macht, macht der Mord den Mörder. Von dem Moment an, da er über Leben und Tod verfügt und sich für den Tod entscheidet, ist Mörder seine soziale Identität. Die gewinnt er damit. Für immer.

Am Montag, dem sechsten Mai 2002, hält sich am späten Nachmittag ein dreiunddreißigjähriger Mann im Wäldchen eines Medienkomplexes in Hilversum versteckt. Der Mann trägt eine schwarze Baseballkappe auf dem kurzgeschorenen Schopf. Er hat ein starres, bläßliches Gesicht, die typische graue Hautfarbe eines Menschen, der sich nach strikten Grundsätzen ernährt, und einen Mund, der sofort verrät, wie überzeugt er von der Richtigkeit seiner Ansichten und seiner Lebensweise ist. Es ist das Gesicht eines Menschen, der es für sein gutes Recht hält, alle anderen verurteilen zu können, weil er jeden geringer achtet als sich selbst. Es ist die Verachtung des Menschen mit hohem Ideal, die Verachtung des fanatischen Veganers, Tierschützers und Umweltaktivisten. Es ist die Verachtung des Menschen, in dessen Augen – gemäß seinen Glaubenssätzen – alle versagen. So gut wie jeder trägt Lederschuhe, ißt Salami, zertritt achtlos unschuldige Ameisen. So gut wie jeder ist für ihn schuldig, schuldig am Bösen. Das ist die moralische Überlegenheit, die nur ein Mensch empfinden kann, der eine vollkommen einseitige Beziehung zur Welt hat, der dem Irrglauben verfallen ist, ein Ideal zu hegen mache ihn zu einem Idealmenschen, zu einem Menschen ohne Schwächen. So etwas nennt man mangelnde Selbstkenntnis. Für ein Ideal zu leben ist der ideale Weg, sich um Erkenntnisse über sich selbst herumzudrücken. Genau das tut dieser Mann. Mit sterilem, kaltem Blick beobachtet er schärfstens den Ausgang von Studio 3FM. Zum wiederholten Mal schaut er auf seine Armbanduhr, und als er sieht, daß es sechs Uhr ist, zieht er die geladene Pistole aus seinem Rucksack, den er bis dahin unter einem Busch versteckt hatte, falls er frühzeitig entdeckt worden wäre. Eine Minute später sieht er denjenigen, auf den er wartet, aus dem Gebäude kommen. Einen großen Mann mit kahlem Schädel, in tadellosem Anzug und mit glänzend geputzten, teuren Lederschuhen. Allein der Anblick dieser Schuhe bestärkt ihn in seinem Vorsatz. Der, auf den er es abgesehen hat, heißt Pim Fortuyn, und der droht bei den anstehenden Wahlen einen haushohen Sieg davonzutragen. Er hat dem Radio- und Fernsehsender BNN gerade ein zweistündiges Live-Interview gegeben, und es ist gut möglich, daß er sich darin erneut für die Erhaltung der Nerzfarmen ausgesprochen hat. Für diese unschuldigen Nerze setzt sich der Umweltaktivist ein. Er wartet noch einen Moment, weil sich zu viele Menschen um das neue Idol geschart haben. Mit Raubtierblick folgt er Fortuyn, als dieser langsam, mit kerzengeradem Rücken und eleganten Schritten auf sein Auto zugeht. Allem Anschein nach gibt er einem jungen Mann, der ihm ein Mikrophon vor den Mund hält, noch ein Interview. Sobald dieser verschwunden ist, wird er zuschlagen. Doch gerade in dem Moment, da der Interviewer sein Mikrophon verstaut und er seine Chance für gekommen hält, kommt ein weiterer Mann aus dem Gebäude gerannt. Er schwenkt eine Flasche Wein. Es muß jetzt sein. Es muß passieren, bevor Fortuyn im Fond des Wagens Platz nimmt und sich von seinem Chauffeur wegfahren läßt. Er richtet sich auf und läuft mit der geladenen Pistole in der Hand auf Fortuyn zu, bis er beinahe dessen Rücken berühren kann. Er schießt ihn mit sechs Kugeln nieder. Er trifft ihn in Kopf, Hals und Brust. Von dem Moment an ist Volkert van der Graaf ein Mörder. Er läuft noch vor dieser neuen Rolle davon, doch er wird verfolgt und kurze Zeit später von zwei Polizisten gefaßt. Am nächsten Tag prangt das bestürzende, abscheuliche Foto von der Leiche Pim Fortuyns auf den Titelseiten der Zeitungen.

Mord ist die äußerste Verurteilung des Lebens eines anderen. Wenn ich es für mein Recht halte, dieses Urteil eigenhändig zu vollstrecken, verlasse ich das Gebiet der menschlichen Gleichheit, ein Gebiet, das durch Gesetze und Gebote zusammengehalten wird. »Du sollst nicht töten« ist eines davon. Sobald ich dieses Gebot übertrete, verlasse ich die Wirklichkeit des Normalen.

Die Verachtung anderer und die Fixiertheit auf ein Ideal gehören zusammen. Man sieht das häufiger, bei Glaubensfanatikern, Abstinenzlern, Geizhälsen, Patienten mit Anorexia nervosa. Das Ideal einer Frau mit Anorexia besteht darin, totale Kontrolle über das Eßverhalten und damit über den Körper zu haben. Frauen, die an Anorexia leiden, sprechen oft von einer Stimme, die ihnen Gebote und Verbote diktiert, die sie tadelt oder belohnt. Man könnte diese als fiktiven Gesetzgeber oder Ersatzvater betrachten. Das gehorsame und rigide Beharren auf der Verweigerung einer normalen Portion Essen ist auch eine Methode, Macht zu erlangen und sich einbilden zu können, man stünde über anderen und könnte sie wegen ihrer mangelnden Beherrschung insgeheim verachten und verurteilen. Selbst mit jemandem, der eine Woche lang streng auf Diät ist, ist ein normaler Umgang kaum noch möglich. Die Fixiertheit auf Essen und die Kontrolle über den eigenen Körper bewirken eine ähnliche Flucht aus der Wirklichkeit wie bei der Mordphantasie. Die anorektische Frau hat weder ein realistisches Bild von ihrem Äußeren noch von ihrem Inneren. Mit ihrem obsessiven, regulierten, starren Verhalten besetzt sie den Raum, den die Selbstanalyse einnehmen könnte. Das ist der Gewinn jedes Fanatismus, im Leistungssport, in der Verfolgung eines Ideals, im Fundamentalismus, in der Obsession von der kompletten Sammlung, in der Fixiertheit des Fans. Jemand, der von einem Gott erfüllt ist, hat wenig Raum für sich selbst oder andere. Die selbstauferlegten Beschränkungen und die daraus erwachsende einseitige Sichtweise treten an die Stelle des Denkens, der Reflexion, der Erinnerung, des Schmerzes, der Selbsterkenntnis und der Unterhaltung realer Beziehungen. Paradoxerweise handelt es sich dabei um eine extreme Form von Selbstliebe, die einer Flucht vor Selbsthaß entspringt. Man hegt eine Fiktion, bildet sich ein großartiges Selbst ein, um die enttäuschende Wirklichkeit leugnen zu können. Der Fanatiker liebt seinen eigenen Fanatismus, und aus dieser Liebe bezieht er sein Selbstwertgefühl. Eric Hoffer wies in seiner Untersuchung über Massenbewegungen darauf hin: Der Fanatiker widmet sich einem Projekt oder Ziel nicht um dessen Bedeutung willen, sondern weil er sein eigenes Bedürfnis danach, sich mit etwas verbunden zu fühlen und sich dem völlig zu widmen, befriedigen möchte. Über seinen Fanatismus hinaus braucht der Fanatiker nichts und niemanden, um sich überlegen zu fühlen. Fanatismus ist die Belohnung in sich. Fanatismus duldet keine Widerworte.

»Ich wollte Sie ermorden. Irgendwann konnte ich an nichts anderes mehr denken als daran, Sie zu ermorden. Aus Liebe.«

Darauf kann ich nur stumm nicken. Weil ich es doch auch ein bißchen verstehe, von der Warte einer Liebesauffassung aus, die sich nicht mit der Differenz zwischen dem Geliebten und dem Liebenden abfindet, die das Trennende aufheben möchte und die Einswerdung will, so eins und miteinander verhaftet wie Platos Kugelwesen.

»Sie haben nichts mehr zu verlieren«, sage ich, »kommt es vielleicht dadurch?«

»Nein«, antwortet er, »es ist größer als das, es fühlt sich an wie ein Liebesverlangen.«

»Sie wollen mich besitzen?«

»Es geht in die Richtung, aber ich würde es lieber so ausdrücken, daß ich Sie in mich aufnehmen wollte.«

»Klingt kannibalisch. Da bin ich aber erleichtert, daß Sie in der Vergangenheitsform sprechen«, sage ich.

»Oh, ich möchte es immer noch«, sagt er leicht amüsiert, »aber ich würde es niemals tun, keine Angst.«

Die habe ich aber.

Das Wort Fan ist eine Abkürzung von fanatisch, und Fanatismus wird im Wörterbuch umschrieben als leidenschaftlicher, blinder, schwärmerischer Eifer für etwas, für einen Glauben oder eine Idee, gepaart mit Intoleranz gegenüber Andersdenkenden. Der Fan schwärmt kritiklos für ein Ideal oder eine Person, die zum Ideal erhoben wird. Ein idealisierter Mensch ist keine Person mehr, sondern ein Symbol. Denn ein Ideal ist nicht wirklich. Das Ideal gehört in die Welt der Vorstellungen, eine symbolische, fiktionale Welt. Es ist nicht echt. Man kann keine Beziehung mit ihm anfangen. Die Beziehung, die man zu einem Ideal hat, ist eine Beziehung in der eigenen, sicheren Welt der Phantasie, einer Welt, in der man selbst natürlich wie dieser andere auch phantastisch ist und diese Liebe ebenfalls, wie könnte es in einer idealen Beziehung auch anders sein. Gott schnarcht nicht.

Die moderne Geschichte hat uns zahllose tragische Beispiele für Fans und Fanatiker geliefert, die zu Mördern wurden. Darin schlägt sich nieder, daß seit der zweiten Hälfte des zwanzigsten Jahrhunderts eines zunehmend verlorengegangen ist, nämlich der Unterschied zwischen echt und unecht, zwischen Fiktion und Wirklichkeit, zwischen dem Ideal und der Realität, zwischen den Worten und den Dingen, zwischen einem Symbol und dem, wofür das Symbol steht. Man kann ein Ideal nicht wie eine Realität behandeln und eine Realität nicht wie ein Ideal. Tut man es doch, begeht man einen Irrtum. Manchmal einen tödlichen.

Jede Persönlichkeit des öffentlichen Lebens gehört in die Gattung des Symbolischen. Ein typischer Vertreter der Öffentlichkeit, des Publikums, der den Unterschied zwischen Ideal und Realität aus dem Auge verliert, ist der fanatische Fan oder Stalker. Der Fan bekommt sein Idol nur über Medien zu sehen, zu hören, zu lesen, ist demnach vom Echten abgeschnitten. In seiner einseitigen Beziehung und Isolation nehmen auch die Gefühle, die der Fan für sein Idol hegt, irreale, abnorme Ausmaße an. Diese Gefühle haben mit einer wechselseitigen Liebe, mit einer realen Beziehung nichts zu tun: Der Fan kann nur in Extremform lieben, und dann wird daraus Anbetung oder Haß. Der fanatische Fan vergißt, daß er Teil des Publikums ist, und leugnet damit seine passive Rolle des Zuschauers, Lesers, Theaterbesuchers, Fernsehzuschauers, Sportliebhabers, Kinogängers, Wählers. Der Stalker verfällt dem fatalen Irrglauben, das Idol könnte ganz der oder die Seine sein, und er entwickelt ein leidenschaftliches Verlangen, ihn oder sie »in echt« zu besitzen. Anfangs spielt sich dieses Verlangen in dem Bereich ab, der dem Fan eigen ist: der Phantasie. Was als Bewunderung anfängt, wird zu einer eingebildeten wechselseitigen Beziehung. Der Stalker schaut sich die Berühmtheit im Fernsehen an und hört versteckte persönliche Botschaften aus den Nachrichten heraus, eine verkappte Liebeserklärung aus dem Wetterbericht, wähnt sich durch einen neuen Popsong angeschmachtet oder entnimmt einer Zeitungskolumne das Versprechen einer gemeinsamen Zukunft.

Wenn die Limitierungen der einsamen Einbildung zu drücken beginnen, will der Stalker alles Trennende zwischen sich und dem begehrten anderen aufheben. Wie der Mörder will er seine Fiktion zu Wirklichkeit machen. Merkt der fanatische Fan, daß ein Symbol nicht wirklich zu haben ist, entwikkelt er das Verlangen, den anderen ein für allemal zu besitzen, und dann wird er sein Idol schlimmstenfalls ermorden.

Für eine Philosophie des modernen Mordes muß man auf die Terminologie der Fiktion zurückgreifen. Mörder können ihr Opfer nicht als echte Person sehen. In ihren Augen ermorden sie eine Figur aus ihrem idiosynkratischen Filmszenario, Theaterstück oder Roman, ein Symbol, ein Idol, eine Ikone. Alles, nur nicht einen leibhaftigen Menschen.

Am Abend des achten Dezember 1980 gegen elf Uhr steht ein fünfundzwanzigjähriger Mann am Eingang eines großen Apartmentgebäudes auf der Westseite des Central Park, New York City. Er steht schon seit Stunden dort. Wie auch bereits am

Tag zuvor und am Tag davor. Es ist überdies das zweite Mal, daß er eigens von Hawaii nach New York geflogen ist. Immer mit demselben Ziel. Er ist groß und aufgedunsen dick. Mit der linken Hand drückt er eine LP an seine Brust, so fest und verkrampft, daß die Fingerknöchel weiß hervortreten. Es ist das neueste Album seines Idols und Jugendhelden, und das Album heißt *Double Fantasy*. Am Nachmittag desselben Tages hat er seinem Idol zum erstenmal von Angesicht zu Angesicht gegenübergestanden und den Mut gefunden, um ein Autogramm zu bitten. Das steht auf der Plattenhülle. John Lennon, December 1980, steht dort. In seiner einen Manteltasche steckt sein Lieblingsbuch *The Catcher in the Rye* von J. D. Salinger und in der anderen eine geladene Pistole. Seit dem frühen Morgen dieses achten Dezember ringt er mit Stimmen in seinem Kopf, einer Stimme, die ihn von seinem furchtbaren Vorhaben abzubringen versucht, und einer, die ihn anspornt, die wie ein quengelndes Kind immer wieder darauf pocht, daß er es versprochen habe, daß er als der Fänger im Roggen hier am Dakota-Gebäude stehe, als der Mann seiner Generation, dessen Auftrag es sei, der *phoneyness*, der Unechtheit John Lennons, ein Ende zu machen, weil sein Held für Geld und Kommerz alle Ideale verschachert habe. Die eine Stimme sagt ihm, es sei doch in Wirklichkeit ein außerordentlich netter Mensch gewesen, der ihm nachmittags Gehör geschenkt habe und so freundlich gewesen sei, ihm ein Autogramm auf die LP zu schreiben. Das Idol hatte gelächelt und ihn gefragt, ob es sonst noch etwas für ihn tun könne, aber er hatte keine Antwort herausgebracht. Die andere Stimme hat nur eins dazu zu sagen: »Du weißt, daß er nicht echt war.«

Gegen elf Uhr an diesem Abend ist er der einzige, der sich noch in der Nähe des Apartmentgebäudes aufhält, alle anderen Bewunderer und der Fotograf sind gegangen. Den Fotografen hat er gefragt, ob er ihn zusammen mit John Lennon fotografiert habe, als er um ein Autogramm gebeten habe, und der Fotograf hat das bejaht. Ohne zu zögern hat er ihm daraufhin fünfzig Dollar für das Foto geboten, wenn er es bis zum nächsten Tag bekommen könne, damit er in Honolulu alle damit verblüffen kann, daß er ihnen sowohl ein Autogramm auf einer Plattenhülle als auch ein Foto zeigen kann, auf dem er zusammen mit seinem Idol zu sehen ist. Der Fotograf war einverstanden. Er wird den Film noch in der Nacht entwickeln und ihm das Foto am nächsten Tag geben. Er weiß nicht, daß der Mann, dem er ein Versprechen für die Zukunft gibt, in wenigen Stunden der berühmteste Mörder der Welt sein wird. Und daß dieser junge

Mann damit auch eine Zukunft beendet haben wird, in der er etwas so Normales tun kann wie mit einer LP und einem Foto nach Hause zurückzukehren.

Er schießt John Lennon fünfmal in den Rücken. Er empfindet nichts mehr, und in seinem Kopf ist es völlig still. Während er wartet, bis die Polizei kommt, zieht er *The Catcher in the Rye* hervor, schlägt das Buch auf wie eine Grundsatzerklärung und versucht einige Sätze aus dem Roman zu lesen, doch das gelingt ihm nicht. Er empfindet erst wieder etwas, als die Polizei ihn festnimmt und das Buch, dem er in diesem Moment seine Identität entlehnt, zu Boden fällt. Plötzlich befällt ihn Angst, siedende Angst, daß die Polizisten auf ihn schießen oder ein wütender Fan John Lennons auftaucht und ihn tötet, weil er, Mark David Chapman, soeben den berühmtesten Popsänger der Welt ermordet hat, einen Helden, eine Legende, einen Gott. Diese Angst ist begründet, so etwas hat es schon gegeben. Er kann sich noch gut die Fernsehbilder vergegenwärtigen, wie Lee Harvey Oswald am vierundzwanzigsten November 1963, zwei Tage, nachdem er Präsident John F. Kennedy ermordete, nichtsahnend von Polizisten ins Gefängnis abgeführt wird. Überall stehen Reporter, und alle Kameras sind auf ihn gerichtet. Er hält die gefesselten Hände vor dem Bauch. Aus der Menge der Zuschauer, die links und rechts von ihnen stehen, löst sich ein Mann. Er hat einen Hut auf und eine geladene Pistole in der Hand. Mit einem gezielten Schuß wird vor den Augen der gesamten westlichen Welt der – zu dem Zeitpunkt – berühmteste Mörder der Welt von dem Nachtclubbesitzer Jack Rubinstein ermordet. Live im Fernsehen zu sehen. Dank des Amateurfilmers Abraham Zapruder ist auch der Mord an John F. Kennedy Jahre später live im Fernsehen zu sehen. Live wird zu einem bizarren Begriff, wenn es um den Tod geht, zu dessen entsetzten Augenzeugen uns das Fernsehen ein ums andere Mal macht.

Mark David Chapman ermordete John Lennon, um dessen Unechtheit ein Ende zu machen. Erst später sollte ihm klar werden, daß er einen noch weit größeren Wunsch hegte, nämlich den, seiner eigenen Unechtheit ein Ende zu machen. Ein halbes Jahr nach seinem Mord sagte er zum Gefängnispsychologen, daß er heil werden wollte, euphorisch, daß er gedacht habe, er würde dadurch, daß er John Lennon tötete, als ganz anderes Wesen wiederauferstehen, als ein Schutzengel, als ein wahrhaftiger und reiner und echter Mensch. Eine bedeutende Person sollte er werden.

Der Titel von John Lennons letztem Album gewinnt grausame Bedeutung. Der Mörder wurde im wahrsten Sinne des Wortes von einer doppelten Phantasie getrieben, einer Phantasie von John Lennon und einer Phantasie von sich selbst. Denn er, Mark David Chapman, sei eigentlich Holden Caulfield, wird er sagen. Holden Caulfield ist der sechzehnjährige Held aus *The Catcher in the Rye*, und *phoneyness*, das Wort, das Mark David Chapman obsessiv durch den Kopf spukt und das schließlich das vermeintliche Motiv für seinen Mord an John Lennon darstellt, ist das Wort, das Holden Caulfield ständig benutzt, wenn er die Schwächen der Menschen in seiner Umgebung anprangert. Der Roman aus dem Jahre 1951 handelt von einem pubertären Kreuzzug gegen die heuchlerische Unechtheit der Erwachsenen und ihr verlogenes Verhalten. Die Hauptfigur ist dem Geiste des Schriftstellers J. D. Salinger entsprungen und gehört in den Bereich der Fiktion. Ein Mann wird zum Mörder, weil er sich mit der Romanfigur Holden Caulfield identifiziert, dem jugendlichen Moralapostel, dem Streiter gegen den falschen Schein, der in seiner Unerwachsenheit noch heilig von seiner eigenen Integrität und Aufrichtigkeit überzeugt ist. Aufgrund dieser Identifikation mit einer fiktionalen Figur ermordet jemand ein Idol aus dem Bereich des öffentlichen Lebens, weil er diesem Menschen vorwirft, unecht geworden zu sein. Was er mit seinem Mord für sich selbst erreichen will, ist, echt zu werden. Was Chapman tatsächlich damit erreicht, ist, daß er das einzig Echte in seinem Leben, die Ehe mit einer japanischen Frau, ein Haus in Honolulu und eine Zukunft als freier Mann verliert. Man kann auch so weit gehen zu sagen, daß er gerade dem ein Ende machen wollte. Er wollte nicht normal sein. Er glaubte, für das Unnormale, für den Ruhm bestimmt zu sein. Er beging einen Mord, um eine außergewöhnliche Identität zu erlangen.

Ob es sich nun um Mark David Chapman, einen palästinensischen Selbstmordattentäter, ein Mitglied der Roten Brigaden oder Volkert van der Graaf handelt, jeder Mörder übertritt das Gesetz des Normalen aufgrund eingebildeter Außergewöhnlichkeit, vermeintlicher moralischer Überlegenheit, phantasierten Heldentums, kurz, aufgrund einer persönlichen Fiktion und Symbolik. Diese Außergewöhnlichkeit läßt sich nicht in einer normalen, realen Beziehung verwirklichen. Der Mörder leitet sein Gefühl der Überlegenheit aus einer idealen Welt, einer Welt der Einbildung ab, und diese Einbildung gibt ihm das Recht, Unrecht zu tun. In seinen tiefsten Gedanken ist er ein Gott, und diese Gedanken macht er zu Wirklichkeit.

Drei Monate bevor er sich zum Mörder wandelte, wurde Volkert van der Graaf Vater einer Tochter. Mit dem Mord an Pim Fortuyn setzt er resolut einen Schlußpunkt hinter das, was diese Vaterschaft erfordert, nämlich täglich und direkt Liebe und Fürsorge schenken zu müssen, Verantwortung tragen zu müssen für etwas, das bluten kann. Ein Kind ist kein Ideal. Ideale tragen keine Windeln und weinen nicht. Über seinen Tierschutzaktivismus hat Volkert van der Graaf gesagt, er brauche keine Liebe zu Tieren zu empfinden, um sich für ihr Wohlergehen einzusetzen. Das ist die Argumentation eines fanatischen Idealisten, dem es im Grunde gleichgültig ist, wofür er sich einsetzt, weil er allein daraus, daß er ein Ideal hegt und ihm rigoros dient, seine Identität ableitet. Selbstgefälligkeit heißt nicht, von sich selbst eingenommen zu sein, sondern das eigene Selbst von etwas anderem einnehmen und ersetzen zu lassen. Die Verantwortung, die das eigene Selbst zu tragen hat, aufzugeben. Die einzige Beziehung, in der das eigene Selbst eine direkte Rolle spielt, ist eine wechselseitige Beziehung, und aus der ist Volkert van der Graaf durch seinen Fanatismus ausgebrochen. Die Argumentation des Idealisten geht in einer wechselseitigen Beziehung nicht auf: Man muß sehr wohl Liebe zu einem Kind empfinden, um sich für ein Kind einzusetzen. Dem hat er sich durch einen Mord entzogen. Damit hat er eine Wahl getroffen. »Wer sich wählt, wählt die Menschheit mit«, lautete Jean-Paul Sartres Losung für das Eingehen menschlicher Verantwortung. Schließen wir uns dem an, dann heißt das, daß sich der Mörder für die Zulässigkeit des Mordes entscheidet. Dann bereitet Volkert van der Graaf den Weg für einen anderen radikalen Idealisten, der eines Tages seine eigene Tochter ermorden wird, weil sie einen Pelzmantel trägt.

Was der Mörder gewinnt, wenn er einem anderen das Leben nimmt, ist eine begrenzte Identität, die des Mörders. Er beraubt sich dabei seiner Freiheit, seiner Normalität und aller seiner wechselseitigen Beziehungen: seiner Beziehung zur Familie, zur Verwandtschaft, zum Freundeskreis und zur Gesellschaft. Eine Gesellschaft separiert den Mörder von anderen, weil er sich in einer wechselseitigen Beziehung als unberechenbar und unverantwortlich erwiesen hat. In manchen Fällen erntet der Mörder für seine Tat überdies gesellschaftlichen Ruhm. Und wie jede Berühmtheit verdient er damit sein eigenes Buch, das Buch, in dem der Mörder die Hauptfigur ist. Manchmal ist das ein Roman, manchmal eine Biographie, ein Genre, das angeblich keine Fiktion ist, sondern prätendiert, die Wahrheit zu sagen, das echte Leben zu zeigen.

Mark David Chapman bekam nicht nur seine Biographie: *Let Me Take You Down*, sondern taucht auch in einigen Romanen auf, ebenso wie Volkert van der Graaf, der sich als Protagonist in *De zesde mei*, einem Roman des niederländischen Krimiautors Tomas Ross, wiederfindet. Die Doppelphantasie wird zur Doppelrealität zweier miteinander verschweißter Namen: dem der Berühmtheit und dem ihres Mörders. Seit der zweiten Hälfte des zwanzigsten Jahrhunderts sind die exemplarischen Liebespaare in der westlichen Literatur diesem neuen, morbiden Gespann der westlichen Realität gewichen. Romeo und Julia, Abélard und Héloïse, Leopold und Molly Bloom sprechen die Einbildungskraft weniger an als John F. Kennedy und Lee Harvey Oswald, John Lennon und Mark David Chapman, Gianni Versace und Andrew Cunanan, Pim Fortuyn und Volkert van der Graaf. Doch da ist etwas bei der Verbindung der Personennamen von Idol und Mörder, das sich nicht verträgt. In allen Fällen hatte noch nie jemand von dem Spinner gehört, der zum Mörder wurde. Und in den meisten Fällen ist das Opfer dem Mann, mit dessen Namen es ins Grab und in die Geschichte eingeht, nie zuvor begegnet.

Für eine Philosophie des Mordes müssen wir die Fiktion heranziehen, die Einbildung und die Phantasie, den Stoff, aus dem Geschichten gemacht werden, den Unterschied zwischen echt und unecht, müssen uns fragen, warum ein Mensch Helden braucht, was so verführerisch daran ist, sich mit Romanfiguren zu identifizieren, und was sich hinter der Sehnsucht nach der Identität einer bestimmten Gattung, einer symbolischen Gattung, verbirgt. In der modernen Zeit ist kein Artikel so gefragt wie eine Identität, und nichts ist offenbar schwerer zu bekommen. Noch sehnlicher begehrt ist freilich eine berühmte Identität. Wenn nicht schon die Suche nach einer eigenen Identität an sich ein Irrtum ist, dann gewiß das Streben nach dem Besitz einer außergewöhnlichen, unnormalen, begehrenswerten und am allerliebsten berühmten Identität.

Der Punkt ist, daß es sie nicht gibt. Das Wort Identität paßt nicht zu berühmt. Ruhm gehört in den Bereich des Symbolischen. Der persönliche Ruhm, den ein Mensch genießt, ist immer etwas, was er von anderen bekommt, eine Bedeutung, auf die er keinen direkten und vollständigen Einfluß hat, weil sie nicht in einer wechselseitigen Beziehung zustande kommt. Um dem menschlichen Hang zur Verallgemeinerung und zur Gleichsetzung der Symbole mit den echten Dingen, für die sie stehen, entgegenzuwirken, hat man in der allgemeinen Semantik schon einmal vorgeschlagen, die Wörter mit einer Ordnungszahl zu versehen. Kuh 1 ist nicht gleich Kuh 2. Kuh 2 ist nicht gleich Kuh 3. Im Falle einer Berühmtheit trifft das ganz sicher zu: John Lennon 1 ist nicht gleich John Lennon 2. Die Art und Weise, wie ein Eigenname in der Öffentlichkeit Bedeutung erlangt, kann man damit vergleichen, wie Markennamen wie Douwe Egberts, Chanel oder Ford im Rahmen von Werbekampagnen mit Konnotationen versehen werden. Ruhm bedeutet dann, daß ein Personenname für viele Menschen viele Konnotationen gewonnen hat. Der Eigenname bleibt damit das Symbol für ein Produkt, doch das Produkt ist nicht die Persönlichkeit dessen, der den Namen trägt. Das Produkt ist Musik, Literatur, bildende Kunst, Politik und dergleichen. Genau wie beim Kaffee und beim Parfüm und beim Auto. Selbst die Real Life Soaps, in denen sich mehr oder weniger verdienstvolle oder berühmte Personen so filmen lassen, wie sie angeblich im wahren Leben sind, liefern letztlich ein Produkt: das Produkt Frans Bauer, Patty Brard, Ozzy Osbourne. Man kann nichts damit anfangen, aber man bekommt schon die Illusion des Echten. Das ist das Produkt, und die Illusion des Echten ist in heutiger Zeit ein gefragter Artikel. Wenn der eigene Name für eine Marke steht und für ein Publikum einen bestimmten Wert gewinnt, erwirbt man Ruhm. Ruhm ist »markenwürdig«. Man wird zu etwas, von dem jeder geneigt ist zu denken, es könne genausowenig bluten wie Chanel No. 5.

An der Geschichte des Mörders Mark David Chapman ist deutlich die Verwechslung von Fiktion und Wirklichkeit abzulesen. Er kann sein Opfer nicht nur nicht als leibhaftigen Menschen sehen, er flüchtet sich auch selbst in den Wahn und die Unwirklichkeit des fiktionalen Charakters Holden Caulfield. Die Identifikation liefert ihm den Komfort der Einbildung, und sein eingebildeter Charakter bewahrt ihn vor jeglicher Wirklichkeit und damit vor jeglicher Verantwortung. Die Verantwortung, die ich meine, ist die der wechselseitigen Beziehung. Fanatismus ist selbstgewählte Gefangenschaft ohne Gefängnis. Es ist selbstgewählte Unfreiheit und damit eine Entscheidung für die Freuden der Verantwortungslosigkeit. Um in der heiklen Terminologie von echt und unecht, normal und abnormal zu bleiben: Die wechselseitige Beziehung gehört zu dem Teil unserer Wirklichkeit, der das Echteste und Normalste darstellt und uns, unserem direkten, persönlichen Einsatz, am meisten abverlangt. Wir verhalten uns zu unserer Familie, zu unseren

Freunden, zu unseren Bekannten, zu unseren Arbeitskollegen und zu Menschen, die zu dem alltäglichen Umfeld gehören, in dem wir wohnen und leben: dem Bäcker, dem Fleischer, dem Nachbarn, dem Buchhändler. Diese Beziehung ist wechselseitig, weil ein Umgang stattfindet, das Hin und Her eines Austauschs. Man kann das Ökonomie nennen. Man kann es auch die Ökonomie der Schuld nennen. Sobald man in einer wechselseitigen Beziehung mit jemandem umgeht, ist man der Existenz des anderen gegenüber verpflichtet und etwas schuldig. Das ist noch eine Schuld im harmlosesten Sinne des Wortes. Ich investiere in den anderen, und der andere investiert in mich. Ich bin dem anderen etwas schuldig und umgekehrt. Wir bauen aufeinander. Ob im Umgang miteinander die Schuld in Form von Liebe, Treue, Intimität, Beachtung, Fürsorge oder Geld eingelöst wird, spielt für die Definition der wechselseitigen Beziehung keine Rolle. Sie beruht auf beidseitigem Austausch und auf der familiären, freundschaftlichen oder oberflächlichen wechselseitigen Anerkennung des Umgangs miteinander. Diese wechselseitigen Beziehungen bestimmen den realsten Teil unserer Identität. Sie machen uns und verleihen uns eine Berechtigung. Von Geburt an ist man Sohn oder Tochter bestimmter Eltern, und damit ist die eigene Identität zu einem Teil bestimmt. Man ist auch Mann oder Frau, man ist weiß, schwarz oder Asiate, man ist Aristokrat oder Arbeiterkind, das sind alles Aspekte, die anfangs passiv Teil der Identität sind. Von dem Moment an, da man sich in bezug auf sein Geschlecht, seine Rasse, sein Land oder seine soziale Klasse zu verhalten beginnt, werden sie zu einem aktiven Teil der Identität. Aber auch wenn man zum erstenmal selbständig ein Brot bei einem Bäcker im Viertel kauft, schafft man eine Identität. Man wird der Kunde dieses einen Bäckers und geht eine Tauschbeziehung ein, man gibt ihm Geld für sein Brot. Was in den wechselseitigen Beziehungen zählt, ist, daß wir gut oder schlecht darin sein können und daß wir auch im negativen Sinne des Wortes schuldig werden können. Wir können verraten und betrügen, wir können stehlen und Rechnungen nicht begleichen, wir können untreu werden, wir können vernachlässigen und verstoßen, wir können Abmachungen verletzen. Die Norm – gut oder schlecht – wird im Hin und Her festgelegt. Man kann der gute Sohn oder der schlechte Sohn sein, der gute oder der schlechte Freund, der gute oder der schlechte Angestellte, der gute oder der schlechte Kunde. Dafür bedarf es eines persönlichen Einsatzes, und dieser Einsatz unterliegt der Beurteilung. Die Norm wird durch die Beurteilung des jeweiligen persönlichen Einsatzes durch die beiden Parteien festgelegt. Das heißt normal. Wechselseitige Beziehungen sind per definitionem kritisch, das heißt, sie wirken differenzierend. Dadurch daß man sich gegenseitig auswählt, verleiht man einander einen besonderen Status, ist man füreinander anders als andere.

Das Gegenteil der wechselseitigen Beziehung ist die einseitige Beziehung. Die moderne Zeit, die Zeit der Massenmedien, hat unsere Welt um Millionen von Menschen erweitert, zu denen wir eine einseitige Beziehung unterhalten. Einfacher gesagt: Ich kenne George W. Bush, Gerard Reve, André Hazes, Madonna, Noraly Beyer, aber sie kennen mich nicht. Ich unterscheide sie, aber sie unterscheiden mich nicht. Ich bin für sie Teil eines Publikums, und das Publikum ist amorph und anonym.

Mark David Chapman erlag dem Irrglauben, er ermordete keinen Menschen, sondern ein Image, eine Schimäre, ein Fernsehbild, eine Ikone, eine Figur aus der Geschichte der Popmusik, das Idol einer Masse, das Symbol des eigensinnigen Musikers oder was auch immer, jedenfalls etwas Unechtes, etwas Unnormales, etwas, das nicht bluten kann. Das ist ein Irrglaube, der in der modernen Zeit überall lauert. In gewissem Sinne wird jedem von uns permanent die intellektuelle und emotionale Leistung abverlangt, Personen des öffentlichen Lebens noch als symbolische Größen zu sehen, als Vertreter eines Produktes, die, sobald sie die fiktive Realität des öffentlichen Lebens verlassen, echt sind. Und echt heißt, daß sie bluten können. Die Anstrengung, daran zu denken, daß jemand außerhalb des Bereichs der Fiktion echt ist, muß gegen den Widerstand des eigentlichen Vergnügens am schonungslosen Urteilen aufgebracht werden. Wechselseitige Beziehungen erfordern Einfühlung, Rücksicht, Kompromisse, Verständnis. Sie lösen bei uns Erbarmen, Angst, Mitleid aus. Sie kosten etwas. Die Auswahl an augenscheinlichen Bekannten, mit denen uns die Medien täglich in einsamen Kontakt bringen, entläßt uns vorübergehend aus der Schwere und Verantwortung unserer echten Beziehungen. Gefahrlos vor der Glotze hockend oder über eine Zeitungsseite gebeugt, können wir nach Herzenslust schimpfen, verachten, mißbilligen, runtermachen und sogar hassen. Wer sollte es verbieten? Solange wir realisieren, daß wir auf das Puppentheater, auf Kasperl und Gretel schimpfen, ist die bequeme, undifferenzierte, oberflächliche Verurteilung kostenfrei und unschädlich. Sie ist ein Ventil für die Last der Verantwortungen, die wir in unseren wechselseitigen Beziehungen tragen.

Ein Jahr nach dem Mord an John Lennon lungert ein Mann in der Nähe des Hilton-Hotels in Washington D. C. herum. Wie Mark David Chapman ist er 1955 geboren, wie Chapman liebt er *The Catcher in the Rye*, und wie Chapman hat er in seiner rechten Manteltasche eine geladene Pistole versteckt. Der Mann heißt John W. Hinckley jr. Er möchte den Mord an John Lennon übertrumpfen, indem er eine noch größere Berühmtheit tötet und damit ebensolchen Ruhm erntet wie Mark David Chapman. Er möchte das nicht nur, um die Aufmerksamkeit des amerikanischen Volkes auf seine Person zu lenken, sondern vor allem, um die Liebe seines Idols Jodie Foster zu gewinnen. Seit der weiterführenden Schule mißlingt ihm jede Ausbildung, die er anfängt. Er hat keine Freunde und vergräbt sich in einem Zimmer in Hollywood. Es ist das Jahr 1976. *Taxi Driver* von Regisseur Martin Scorsese ist gerade in den Kinos angelaufen. Er sieht sich den Film mindestens zwanzigmal an. Neben Robert de Niro spielt die junge Schauspielerin Jodie Foster eine Hauptrolle, und diese Jodie Foster geht ihm nicht mehr aus dem Sinn. Als er einige Jahre später in *People* liest, daß Foster an der Yale University studiert, zieht er nach New Haven, Connecticut, und schreibt sich an ebendieser Universität für einen Kurs in Creative Writing ein. Von da an versucht er in ihre Nähe zu kommen und bedrängt sie mit Briefen und Gedichten. Er kleidet und gibt sich wie Travis Bickle, die von de Niro verkörperte Hauptfigur aus *Taxi Driver*, und wie Travis meint er, wehrlose Frauen retten zu müssen. In seinen Augen ist Jodie Foster so eine Frau. Wie Travis glaubt er auch, die Welt von heuchlerischen politischen Scharlatanen befreien zu müssen. Bevor er am 30. März 1981 seine Pistole auf Präsident Ronald Reagan richtet und ihn und drei Mitglieder seines Stabs mit sechs Schüssen verwundet, schreibt er Jodie Foster in einem Brief, er werde genauso berühmt werden wie Mark David Chapman. Auf dem einzigen Foto, das ich von ihm gesehen habe, sieht er ihm sogar noch ähnlich.

Mord geht mit der Zeit. Und der Mörder auch. Nachahmung scheint ein wichtiger Aspekt zu sein, wie verschiedene forensisch-psychologische Untersuchungen über einzelne Mörder zeigen. Vor allem der Mörder, der es auf berühmte Personen des öffentlichen Lebens abgesehen hat, weist den Hang auf, zu dem werden zu wollen, mit dem er verkehrt. Er identifiziert sich in extremem Maße mit Menschen, die er bewundert, und übernimmt genauestens deren Gewohnheiten und Auftreten. Die Ursache für diese pathologische Identifikation mit einem anderen wird generell darin gesucht, daß der

Betroffene das Empfinden hat, keine eigene Identität zu besitzen, ein Niemand zu sein. Man könnte es auch so auslegen, daß der Betroffene das eigene Selbst beseitigt, um so der Realität und Ökonomie der Schuld und der Normalität und Verantwortung der wechselseitigen Beziehung zu entgehen. Jemand, der so wird wie ich, verschwindet, beseitigt sich selbst. Von einem, der weg ist, kann ich nichts erwarten.

Die Gefahr der Identifikation mit einer symbolischen Persönlichkeit, einem Image oder einer fiktiven Figur besteht auch für die Berühmtheit selbst. Der bewußt gewollte Schein, die selbstgewählte Gespaltenheit zwischen echt und unecht, ist eine Form von Selbstschutz, ein Mittel, um jenen Teil der Persönlichkeit abzuschirmen, der in den realistischen, wechselseitigen Beziehungen fungiert. Der Mörder begeht den fatalen Irrtum, daß er keinen Unterschied zwischen diesen beiden sieht. Das gleiche Unvermögen kann man den zahllosen Berühmtheiten, die Selbstmord begehen, unterstellen. Stars, die nicht zwischen sich selbst und ihrem erworbenen Image unterscheiden können, gehen daran zugrunde. Was sie ermorden wollen, ist ihre Fiktion, ihre Unechtheit, die Rolle, die sie spielen. Marilyn Monroe, Elvis Presley, Jerzy Kosinksi und zahllose andere Berühmtheiten des zwanzigsten Jahrhunderts wurden zu eigenhändigen Mördern eines echten Körpers mit einem, als unerträglich erfahrenen, symbolischen Wert.

Am Morgen des fünfzehnten Juli 1997 steht ein siebenundzwanzigjähriger Mann auf der gegenüberliegenden Straßenseite einer ansehnlichen Villa am South Beach in Miami, Florida. Jeder in Miami weiß, daß die Villa dem berühmten Modeschöpfer Gianni Versace gehört. Der junge Mann auch. Er weiß überdies, daß Versace jeden Morgen in einem Café in der Nähe Kaffee trinkt, dann ein paar Zeitungen und Zeitschriften kauft und vor neun Uhr wieder nach Hause zurückkehrt. Der junge Mann trägt eine schwarze Baseballkappe auf dem kurzgeschorenen Schopf und einen Rucksack über der Schulter. In dem Rucksack steckt eine Pistole. Um die Zeit, da Versace von seinem morgendlichen Ausflug zurückkehren dürfte, nimmt er die Pistole aus seinem Rucksack und lädt sie. Als er Versace auf sein Haus zulaufen sieht, wartet er, bis dieser die Stufen zum Eingangstor hinaufgeht, den Schlüssel aus der Hosentasche zieht und sich vorbeugt, um das Tor aufzuschließen. Da überquert er seelenruhig die Straße und schießt seinem Opfer auf der Treppe zweimal in den Hinterkopf. So ruhig, wie er die Straße überquert hat, entfernt er sich von dem sterbenden Versace. Der junge Mann heißt Andrew Cunanan, und Versace ist sein fünftes und letztes Opfer binnen kurzer Zeit. Wenn man ihn nicht selbst als Opfer seiner selbst betrachtet. Neun Tage nach dem Mord an Versace, als die Polizei sein Versteck entdeckt und umstellt hat, setzt sich Andrew Cunanan selbst die Pistole an den Kopf und erschießt sich. Er rangiert zu diesem Zeitpunkt bereits seit Monaten in den Top ten der meistgesuchten Mörder in den Vereinigten Staaten. Und so hat er denn auch seit Monaten die Zeitungen und Fernsehprogramme durchforstet, um etwas über sich, die berüchtigte Figur Andrew Cunanan, zu finden, die in der Presse und in den Medien von Freunden, Bekannten und Verwandten beleuchtet wird. Die Presse bezahlt viel Geld für solche Geschichten über den meistgesuchten Mann der USA.

Wie die Biographie Chapmans spricht auch die Biographie Cunanans von einem jungen Mann, der als Kind die Rolle des Ersatzpartners für eine neurotische, egozentrische Mutter erfüllt. Der Vater ist oft nicht da, und ist er mal zu Hause, muß der Junge bei den stets aufflackernden Streitigkeiten zwischen den Eltern die Rolle des Vermittlers übernehmen. Er entwickelt sich zu einem Menschen, der für alles Lügen erfindet, der sich eine Vergangenheit für sich zurechtlegt, mit der er seine tatsächliche Herkunft verschleiert, der bewunderte Figuren aus Filmen, Fernsehserien und Büchern imitiert. So läuft er eine Zeitlang wie der exzentrische Sebastian aus Evelyn Waughs *Brideshead Revisited* mit einem Teddybär herum und hält den Lebensstil der selbstzerstörerischen, verwöhnten Jugendlichen aus Bret Easton Ellis' Roman *Less Than Zero* für nachahmenswert. Das Problem ist nur, daß er mit seinem glamourösen Image lebt, um die Wirklichkeit zu verleugnen. Denn er ist nicht reich, verwöhnt, aristokratisch. Er tut nur so, als ob. Er spielt den überkandidelten, exzentrischen, reichen, verwöhnten jungen Mann. In Wahrheit aber stiehlt, betrügt, lügt und imitiert er, in Wahrheit nimmt er Drogen und prostituiert sich. Zu dem Image, das er sich zulegt, passen der Ruhm und der Glamour, mit denen Versace sich umgibt, ein Versace, den er gut zu kennen behauptet, obwohl er ihm nur ein einziges Mal kurz begegnet ist, und selbst das ist wahrscheinlich gelogen. Der Anonymität entrinnen und sich den Ruhm Versaces aneignen kann er nur dadurch, daß er in dessen Leben eindringt und es sich zu eigen macht. Er verbindet seinen Namen mit dem des berühmten Mannes, indem er zu dessen Mörder wird.

Morde, die sich auf eine pathologische Identifikation mit einer Berühmtheit oder einer fiktiven Figur zurückführen lassen, sind moderne Morde. Das heißt, die Natur des Mordes hat etwas mit charakteristischen Aspekten unserer Zeit zu tun, Aspekten, die in der Geschichte bis dato nicht in dieser Weise und in diesem Ausmaß auftraten und somit neu sind. Seit der zweiten Hälfte des vorigen Jahrhunderts ist die Welt dank der Medien grenzenlos geworden. Die Medien haben unseren Bekanntenkreis um Hunderte von Personen erweitert, zu denen wir die merkwürdige Beziehung haben, daß wir sie kennen, während sie nicht wissen, wer wir sind. Als Andy Warhol im Februar 1968 prophezeite, daß in Zukunft jeder einmal fünfzehn Minuten lang weltberühmt sein würde, erwies er sich als Hellseher. Leider sah er jenes andere nicht vorher.

Am 3. Juni 1968, vier Monate nach seinem berühmt gewordenen Ausspruch, tritt eine Frau aus dem Fahrstuhl von Warhols Studio, der Factory, in Manhattan. Sie hält eine braune Papiertüte im Arm, und in dieser Tüte steckt eine geladene Pistole. Andy Warhol kennt sie. Sie heißt Valerie Solanis, und sie hat ihm mal ein Skript gegeben und gefragt, ob er einen Film oder ein Theaterstück daraus machen wolle. Andy Warhol gefällt der Titel, *Up Your Ass*, und er nimmt das Skript entgegen. Dessen aggressiver Inhalt und der unverhohlene Männerhaß, der daraus spricht, stoßen ihn aber so sehr ab, daß er nach der Lektüre für kurze Zeit den Verdacht hegt, es könnte ein Fallstrick der Polizei sein. Valerie Solanis, eine von ihrem Vater jahrelang sexuell mißbrauchte Frau, hat zu diesem Zeitpunkt bereits ein noch unveröffentlichtes Manifest geschrieben, das den Titel trägt: SCUM *(Society for Cutting Up Men)*. Als sie Warhol nach einigen Monaten um Rückgabe des Skripts bittet, sagt dieser, er wisse nicht, wo es geblieben sei. Bei ihm stapelten sich solche eingereichten Schreibversuche, von denen die meisten im Papierkorb landeten. Von da an ruft Solanis ihn mehrmals täglich an und verlangt Geld für das Skript. Als Wiedergutmachung bietet Warhol ihr eine kleine Rolle in einem seiner Filme an, und alles scheint wieder im Lot zu sein. Als sie an diesem Tag im Juni aus dem Fahrstuhl tritt, ist sie hübsch angezogen und geschminkt, und Warhol macht die anderen im Studio noch darauf aufmerksam, wie gut Valerie aussehe. Da schießt sie dreimal. Die ersten beiden Kugeln gehen daneben, die dritte trifft. Die Operation, die Andy Warhol das Leben rettet, dauert fünf Stunden. Zu den Richtern wird Solanis sagen, er habe zuviel Kontrolle über sie gehabt, sie habe seine Beachtung gewollt. Doch einem anderen persönliche Beachtung schenken, das war für Warhol zuviel der Nähe.

1975 wird er in *The Philosophy of Andy Warhol*

schildern, wie er von einem bestimmten Zeitpunkt in den sechziger Jahren an aufgehört hat, Gefühle als echt zu betrachten. Ihm machte der für viele Berühmtheiten charakteristische Gegensatz zu schaffen: extreme Verlegenheit, gepaart mit großem Geltungsbedürfnis. Die Beachtung, die er im Rahmen eines echten, wechselseitigen Kontaktes bekommt, ist ihm unerträglich. Um dennoch, ohne mit anderen physisch in Kontakt treten zu müssen, Raum im Leben dieser anderen einnehmen zu können, bietet sich der durch die Medien und die Kunst erworbene Ruhm als Lösung an. Warhol entscheidet sich bewußt für eine einseitige Beziehung zur Welt. Medien und Kunst bringen mich überallhin, ohne daß ich selbst dabeizusein brauche. Ich liege zu Hause im Bett, ohne die schöne Last der leibhaftigen Anwesenheit eines anderen, und zugleich bin ich über das Fernsehen, die Musik, die Bücher, die Filme, die Bilder und und und bei Millionen anwesend. Andy Warhol schließt, wie er selbst sagt, die Ehe mit seinen unzähligen Fernsehern, seinen Tonbandgeräten und seinem Telefon, mit allem, womit er in den persönlichen Raum anderer eindringen kann, ohne »in echt« mit ihnen umgehen zu müssen. Es ist das symbolische Eindringen des Mannes, der mit echtem Sex abgeschlossen hat.

Der Mörder geht den umgekehrten Weg. Er

dringt nicht symbolisch in das Leben des anderen ein, sondern tatsächlich.

Der Aspekt des Ruhms und der einseitigen Beziehung zu Personen aus dem Bereich des öffentlichen Lebens machen einen Mord zu einem modernen Mord. Gleich geblieben ist der Aspekt der Identifikation mit einer symbolischen Identität. Die liegt auch den Morden auf Schlachtfeldern, den Selbstmordattentaten, jeder Tötung im Rahmen eines Streits um Land, Rasse, Religion oder Ideal zugrunde. Ein Soldat oder Aktivist kämpft nicht für sich selbst, sondern für etwas, das er vertritt: eine Nation, einen Glauben, eine idealistische Gruppierung. Der Mörder ermordet in seinen Augen keinen anderen Menschen, sondern das Symbol eines feindlichen Landes, eines unterdrückerischen anderen Gottes oder eines bedrohlichen anderen Ideals. Auch bei der sogenannten Ehren- oder Blutrache ist das Mordopfer in ein Symbol transformiert, in den Vertreter einer Gruppe oder Familie und der Kodes, Rituale, Gebote und Verbote, aus denen diese ihre Identität und ihren Status ableiten. Das Opfer einer Ehren- oder Blutrache hat eine Fiktion verletzt. Abnormale Identifikation mit dem einen hat die Depersonalisation des anderen zur Folge. Das haben wir zum Beispiel daran gesehen, wie Mark

David Chapman über John Lennon spricht, so als handelte es sich um ein Ding, ein Etwas und nicht einen echten Menschen. Mark David Chapman ist schon seit zweiundzwanzig Jahren ein Musterhäftling. Es gibt Leute, die ihn per Post um ein Autogramm bitten. Seinem Biographen gegenüber sagt er, er sehe ein, daß er geworden sei, was er zu ermorden glaubte, ein Etwas.

Weitgehende Identifikation hat etwas mit jenem komplizierten Phänomen der Identität zu tun. Je obsessiver sich jemand mit einer anderen Person oder mit einer Familie, einem Land, einer Religion, einem Ideal, einer Berühmtheit oder einer Subkultur identifiziert, desto weniger realistische Eigenheit besitzt er. Mit realistisch meine ich eine Identität, die man sich aufgrund der Qualität der wechselseitigen, kritischen Beziehungen erwirbt. Bei Identifikation handelt es sich um die einseitige Anleihe einer Identität von jemandem oder etwas. Kennzeichnend für diese Ökonomie der Identifikation ist, daß für diese Anleihe weder Zinsen gezahlt noch Eigenarbeit oder irgendein sonstiger Einsatz erbracht werden. Das heißt nicht, daß keine Anstrengungen für die Erhaltung des Identifikationsobjekts unternommen werden, sondern daß das Objekt nicht selbst geschaffen ist. Mörder erschaffen nichts, Mörder leihen, stehlen und nehmen weg. Jede fanatische, obsessive Identifikation ist parasitär und einseitig. Das, womit, oder der, mit dem sich jemand identifiziert, ist immer vorher da und nicht von dieser Person gemacht. Man macht sein Vaterland nicht selbst, man macht seinen Gott nicht selbst, man macht den Helden aus einem Buch nicht selbst, man macht die gequälten Tiere nicht selbst, und wer sich mit einer Berühmtheit identifiziert, vergißt der Bequemlichkeit halber, daß Ruhm bestenfalls verdient ist und nicht von selbst kommt.

John Lennon leitet seine gesellschaftliche Identität aus den Songs ab, die er geschrieben hat, und aus der Musik, die er gemacht hat. Das ist Arbeit. Das Produkt dieser Arbeit, Musik, wird in Verbindung mit einem persönlichen Image verkauft. Sein Publikum bezahlt ihn nicht nur für diese Arbeit, es schenkt ihm als Bonus den Ruhm und die Wertschätzung für die Intelligenz und die Schönheit seines Werkes und für sein Image, für seine symbolische, öffentliche Identität. Das ist Lohn nach Leistung. Man darf jedoch nicht übersehen, daß auch die Bedeutung des Images Teil dessen ist, was das Publikum einer Berühmtheit gibt. Das Image ist Teil der Ökonomie, des Tauschverkehrs zwischen Star und Publikum, der wechselseitigen Beziehung des Gebens und Nehmens. Was die Eigenart der wechselseitigen Beziehung zwischen einer Berühmtheit und ihrem Publikum ausmacht, ist der Identitätsunterschied zwischen der einen und der anderen Partei. Für das Publikum ist John Lennon eine bekannte Person, doch John Lennon spielt ohne Ansehen oder Unterscheidung der Person. Er kennt die Individuen, aus denen sich sein Publikum zusammensetzt, nicht persönlich. Das Publikum ist amorph, als handelte es sich um eine einzige Person, die unzählige Unbekannte symbolisiert. Wer Teil eines Publikums ist, muß auf persönliches Ansehen verzichten und sich mit dieser Rolle in der Beziehung abfinden. Das persönliche Ansehen, das die Berühmtheit erworben hat, gehört in die Gattung des Symbolischen. Der Name John Lennon ist ja Symbol für ein Produkt mit einem persönlichen Image, für Arbeit, die für ein Publikum verrichtet wurde.

Die eigenartige Beziehung einer Berühmtheit zu ihren Kunden ist eine ökonomisch wechselseitige, aber symbolisch einseitige Beziehung. Der Unterschied zwischen Ökonomie und Symbolik ist der Unterschied zwischen echt und unecht. Im Bereich der Ökonomie liegt ein echter Tauschverkehr vor: Der Kunde bezahlt Geld für ein Produkt, das die Berühmtheit liefert. Im Bereich der Symbolik liegt kein echter Austausch vor, sondern nur ein scheinbarer. Im Bereich der Symbolik handelt es sich um eine einseitige Beziehung. Das Publikum verhält sich zu einem Image, zu einem Symbol, und das hat nichts anderes zu bieten als das, was es ist: ein Bild. Auf ein Image kann ich nicht bauen. Ein Image macht mich nicht zu dem, was ich bin. Ein Image steht nicht mit Hühnerbrühe am Bett, wenn ich Fieber habe.

Im Dezember 1955 erscheint ein Roman, in dem zahlreiche Elemente des modernen Mordes vereint sind. Er verknüpft das Thema des sich verwischenden Unterschieds zwischen echt und unecht, die Identifikation mit einem Idol und den Mord zum Zwecke der Aneignung einer Identität. Darüber hinaus wird seine Hauptfigur nicht als Mörder entlarvt, womit die scharfe Trennung zwischen Verbrechen und Strafe aufgehoben ist. Gott wird betrogen und sieht nicht mehr alles, was unter der Sonne geschieht. Sobald das Gesetz umgangen und der Gesetzgeber getäuscht werden kann, ist die Macht des Vaters angetastet. Der Roman, in dem das Gesetz versagt und der Mörder triumphiert, heißt *The Talented Mr. Ripley* und wurde von Patricia Highsmith geschrieben. Tom Ripley, die Hauptfigur dieses Romans, ist früh Waise geworden und wird von einer knauserigen Tante aufgezogen. Wie alle Geizhälse geht sie sparsam mit Komplimenten um und freigebig mit mißbilligenden Bemerkungen. Sie schimpft Ripley eine Trantüte und einen Schlappschwanz, und genauso fühlt er sich dann auch. Er hält es nirgendwo lange aus und scheitert, worin man nur scheitern kann. Er möchte Schauspieler werden, macht sich aber nicht klar, daß die Schauspielerei ein Beruf ist und dessen Ausübung Talent, Studium und persönlichen Einsatz verlangt. Er ist ungeheuer gut darin, andere zu imitieren und zu parodieren, und besitzt eine lebhafte Phantasie, und das ist seiner Meinung nach ausreichend für eine glanzvolle Karriere als Schauspieler. Was natürlich ein Irrtum ist. Alles wird anders, als er im Auftrag des reichen Mr. Greenleaf nach Italien reist, um dort dessen Sohn Dickie aufzusuchen und zur Rückkehr nach Amerika zu überreden. Dickie Greenleaf ist alles, was Tom Ripley nicht ist, und vom ersten Moment ihrer Begegnung an wird Dickie zu seinem Idol. Ripleys Imitationstalent nimmt nun einen anderen Charakter an. Er identifiziert sich zunehmend mit seinem Idol und imitiert Dickie bis ins kleinste Detail. Er geht, spricht, ißt und kleidet sich wie er, und in seiner Einbildung tauscht er seine eigene unbedeutende, verachtete Identität gegen die dieses faszinierenden, interessanten, erfolgreichen, glamourösen und geliebten Stars ein. An dem Tag, da Ripley bewußt wird, daß sie niemals ein und dieselbe Person sein werden, ermordet er Dickie und nimmt gänzlich dessen Identität an. Er geht nun als Dickie Greenleaf durchs Leben. Die geschmähte Identität als Tom Ripley behält er sich für den Fall vor, daß er sie einmal wieder gebrauchen könnte, um nicht seines mörderischen Diebstahls überführt zu werden. Als man ihm auf den Fersen ist und er tatsächlich wieder Ripley werden muß, hat er das Gefühl, einen zerlumpten Anzug mit Fettflecken anziehen zu müssen. Er wird wieder nutzlos, jemand, auf den herabgeblickt wird, ein Clown, der Menschen für kurze Zeit mit seinen Imitationen amüsiert, sie aber ansonsten langweilt, ein Hanswurst.

Mit dem Jungen, der ohne Eltern aufwächst, der bei anderen nur mit flüchtigem Einmanntheater Anerkennung erntet, der mit siebzehn seinen ersten Diebstahl begeht, weil er meint, die Welt schulde ihm etwas, der eine Fixiertheit auf den Mann entwickelt, den er vergöttert, und schließlich das Objekt seiner Vergötterung ermordet, um dessen Identität besitzen zu können, hat uns Patricia Highsmith die Figur des modernen Mörders beschert. Sie selbst blieb auf der anderen Seite, der Seite der Fiktion, obwohl sie zahlreiche Merkmale mit ihrem kriminellen Protagonisten gemein hatte.

Patricias Vater, Jay Plangman, verläßt ihre Mutter während der Schwangerschaft, und drei Wochen nach der Geburt der Tochter läßt die kalte, neurotische Mutter das Kind bei ihrer eigenen Mutter zurück, damit sie selbst wieder arbeiten gehen kann. Als Patricia drei ist, lernt ihre Mutter Stanley Highsmith kennen, den Mann, der Patricias Stiefvater werden soll und dessen Namen sie für den Rest ihres Lebens tragen wird. Sie kann ihn von Anfang an nicht leiden. Sie idealisiert ihren leiblichen Vater, dem sie bis dahin nie begegnet ist und den sie in Wirklichkeit nur ein einziges Mal zu sehen bekommen wird. In der Pubertät nehmen ihre Verliebtheiten einen obsessiven Charakter an. Sie stellt Frauen nach, von denen sie nicht mehr als einen kurzen Blick aufgefangen hat, wahrt aber lieber die Position der bewundernden Anbeterin aus der Distanz, als tatsächlich eine Beziehung einzugehen. Oder, wie es ihre Biographie *Beautiful Shadow* darstellt: Highsmith war verliebt in die Idee von der Frau, nicht in die Realität. Das erinnert an die einseitige Verliebtheit des Pubertierenden, der seine Gefühle in einem selbstgenügsamen System aus Phantasie und Schwärmerei hegt und sich noch nicht an die abschreckende Wirklichkeit der Begegnung mit dem begehrten Mädchen heranwagt. Highsmiths echte Liebesbeziehungen scheitern eine nach der anderen an der Wirklichkeit. Sie formt ihre Geliebten zu Musen um, läßt sich bei ihrer Phantasiearbeit von der Bewunderung für ihr Objekt leiten und weiß sich keinen Rat mit dem, was an Realität bleibt, sobald die Transformation in Fiktion vollzogen ist.

Dennoch bleibt der große Unterschied zwischen der Schriftstellerin Patricia Highsmith und der Romanfigur Tom Ripley, die sie schuf, daß Highsmith die Morde, die sie Ripley begehen läßt, selbst nie beging. Die Transformation des Mörders ist die von Fiktion in Wirklichkeit, und die Transformation des Schriftstellers ist die von Wirklichkeit in Fiktion. Das ist der Unterschied.

Mark David Chapman identifizierte sich mit einer Figur aus der Weltliteratur, und er konnte John Lennon nicht anders denn als Figur aus der Popgeschichte sehen. Der Mord an dieser Figur sollte ihn »echt« machen, sollte ihn von einem eingebildeten Jemand zu einem wirklichen Jemand machen. Diese Transformation sollte die Phantasie einlösen, die er von Kindesbeinen an gehabt hatte, nämlich prädestiniert zu sein für ein außergewöhnliches Leben, jemand zu sein, dem die Welt Beachtung und Ruhm schuldet. Wie im Falle Ripleys ist der Mord an einem bewunderten Menschen ein Mittel, eine als sinnlos und nichtswürdig erfahrene Identität zu verleugnen. In seiner Theorie der Emotionen richtet Jean-Paul Sartre das Augenmerk auf die allzu menschliche Fähigkeit, eine Wirklichkeit, die uns nicht gefällt oder die zu schmerzlich für uns ist, in eine Wirklichkeit zu verzaubern, mit der es sich besser leben läßt. Sartre nennt das magisch denken, beziehungsweise magisch handeln, aber man könnte es auch symbolisch denken und symbolisch handeln nennen. Jemand, der magisch denkt, verwechselt echt und unecht. Die Magie dieser Verwechslung ist die trügerische Erwartung, wir selbst veränderten uns, wenn wir etwas außerhalb von uns verändern, oder wir veränderten die Wirklichkeit, wenn wir selbst eine symbolische Veränderung erfahren. Das ist das Kind, das sich die Augen zuhält, selbst nichts mehr sieht und deshalb denkt, auch für seine Umgebung unsichtbar zu sein. Das ist der Mann, der glaubt, ein hochmoralischer Mensch zu sein, weil er keine tierische Nahrung zu sich nimmt. Es ist ein Irrtum. Die Welt verschwindet nicht, wenn man sich selbst symbolisch wegzaubert, um nichts mehr mit der Welt zu tun haben zu müssen. Und man ist kein idealer Mensch, nur weil man die eigene Identität auf das Leben für ein Ideal beschränkt. Chapman glaubte, nach dem Mord an Lennon völlig gewandelt wiederaufzuerstehen, als ein Retter der Menschheit, als ein Mann, dem die

Welt Ruhm schuldete. Er glaubte, daß dieses eingebildete, fiktionale Wesen durch einen Mord echt werden würde. Ja, das kann man schon magisches Denken nennen.

Mit dem Schicksal ist im zwanzigsten Jahrhundert etwas Eigenartiges passiert. Während es in dem einen Bereich an Einflußkraft gewann, hat es in dem anderen gehörig an Einflußkraft eingebüßt. Der eine Bereich ist der der Biologie, des Körpers, der Natur, der andere der des freien Willens, des Geistes, der Kultur. Die genetische Forschung hat immer deutlicher gemacht, daß wir mit einer Blaupause unseres biologischen Schicksals geboren werden. Das Kind, das in der Wiege abhängig und hilflos auf Aufmerksamkeit, Fürsorge und Nahrung wartet, liegt dort mit einem genetischen Erbe. Um dieses Erbe geht es im Kampf um die Lebenserhaltung, und dieses Erbe heißt Information. Ein neugeborener Säugling verfügt über ein ererbtes Kapital und, leider, auch eine ererbte Last. Intelligenz und eine Reihe von Talenten und Fähigkeiten, aber auch Krankheiten oder die Prädisposition dafür sind offenbar größtenteils schicksalhaft in unserer DNA festgelegt. Wir werden mit einem bestimmten Geschlecht geboren, doch ob wir damit zufrieden sind oder nicht und ob wir uns in Vertreter des anderen oder desselben Geschlechts verlieben werden, scheint, wie sich immer deutlicher herauskristallisiert, angeborenes Schicksal zu sein, etwas, das im Gehirn angelegt sein kann oder nicht. Durch die Aufschlüsselung der DNA-Struktur hat die Wissenschaft im zwanzigsten Jahrhundert den Weg für die Kenntnis des biologischen Fatums geebnet. Das Schicksal macht uns schuldlos. Ich kann nichts dafür, daß ich mit einer Abweichung in meiner genetischen Blaupause geboren wurde. Das kann mir nicht angekreidet werden. Gleichzeitig hat die Forschung im Hinblick auf Prädispositionen für Schwächen und Krankheiten das Schicksal beherrschbarer gemacht. Der Besitz von Kenntnissen über meine individuellen physiologischen Anlagen ermöglicht mir ein aktives und rechtzeitiges Eingreifen. Wird zum Beispiel ein Gen gefunden, das bei der Betroffenen mit großer Sicherheit zu tödlichem Brustkrebs führen wird, kann dieses Schicksal abgewendet werden, indem man die noch gesunden Brüste abnimmt. Wir haben unser biologisches Schicksal besser kennengelernt, doch ob wir uns die Augen zuhalten und vor dem Wissen davonlaufen oder ob wir uns zu einem Eingriff entschließen, um dem Schicksal keine Chance zu geben, dafür liegt die Verantwortung und somit die Schuld wiederum bei uns.

Mit zunehmendem Wissen über das Schicksal konnten wir uns mehr und mehr von ihm befreien. In den vergangenen Jahrzehnten ist eine Generation herangewachsen, die unter dem unbarmherzigen Gericht der eigenen Schuld lebt. Die medizinische Welt hat Möglichkeiten geschaffen, aus Männern Frauen zu machen und aus Frauen Männer, so daß nicht einmal mehr das Geschlecht, mit dem ich auf die Welt komme, ein Schicksal ist, mit dem ich mich widerstandslos abfinden muß. Wenn ich nicht damit zufrieden bin und glaube, die Identität einer Frau im verachteten Körper eines Mannes mit mir herumzuschleppen, wäre es meine eigene Schuld, wenn ich nichts dagegen unternähme und mein Leben lang weiter mit der falschen geschlechtlichen Identität herumliefe. In einem Jahrhundert, in dem man die Zeichen des Alters wegliften lassen kann, in dem man seine schwarze Haut bleichen und sein plattes, breites Geruchsorgan so bearbeiten lassen kann, daß man schließlich einen kaum noch sichtbaren Nasenrücken besitzt, in einem Jahrhundert, in dem sich ein Minibusen der Cup-Größe A mit einer Handvoll Silikon zu einem stolzen, pornographischen D-Busen aufblasen läßt, in einem Jahrhundert, in dem dies alles zu den Möglichkeiten des Menschen gehört, wird es schwierig, den Körper noch als unbedingtes Schicksal aufzufassen. Das

Fleisch erweist sich als knetbar, veränderbar. Wir können uns die Natur ganz schön gefügig machen. Auch den Tod können wir uns geraume Zeit vom Halse halten, entkommen tun wir ihm nicht. Der Tod ist weniger der Mode unterworfen und bleibt auch im einundzwanzigsten Jahrundert das einzige echte Fatum.

Nicht nur der Körper unterliegt inzwischen unserer eigenen Regie, auch das Dorf, das Land, der Erdteil, wohinein wir geboren werden, ist in einer Migrationskultur nicht mehr schicksalsbestimmend, und seit die Säulen der Klassengesellschaft nicht mehr existieren, muß auch die Tatsache, daß man einer bestimmten Glaubensgemeinschaft oder sozialen Schicht entstammt, keine Einschränkung mehr für die Wahl von Ausbildung, Partner, Beruf oder schlicht und einfach des Kaufmanns, bei dem man seine Besorgungen macht, darstellen. Und schließlich gehören auch das Kinderkriegen und die Sorge für den Fortbestand der Gene seit Erfindung und Verbreitung der Antibabypille in den Bereich von freier Wahl und persönlichem Wunsch. Wir haben aufgehört, Kinder zu bekommen, wir legen sie uns zu. Wir sind ungeheuer frei.

Die Nachkriegsgeneration, zu der ich gehöre, muß auf die Selbstverständlichkeit des Schicksals und damit auch deren Trost verzichten. Wer früher zur Jacke geboren war, kam nie zu einem Rock, das galt für alle seine Schicksalsgenossen, das war normal und somit auch sicher und in gewissem Sinne tröstlich. Wer heute zur Jacke geboren ist und nicht zum Rock kommt, ist selbst schuld. Wir leben mit der überwältigenden Freiheit augenscheinlich unbegrenzter Wahlmöglichkeiten und müssen die sanfte Geborgenheit missen, die uns das Bewußtsein vermitteln würde, daß wir unser Schicksal mit vielen anderen teilen. Das ist auch der Grund dafür, daß sich Menschen während des Krieges so gut gefühlt haben, wie sie beschämt eingestehen: weil sie den Trost hatten, daß sie das Schicksal mit anderen teilten und vorübergehend von der Geißel befreit waren, selbst entscheiden zu müssen und damit für das eigene Leben verantwortlich zu sein. Denn genau das tut das Schicksal, es hebt den Unterschied zwischen mir und den anderen auf und macht mich schuldlos, weil ich keine Wahl habe. Es ist die Unschuld des Tieres, das einfach seiner Natur gehorcht. Es ist die Unschuld der Unfreiheit, des Gefängnisses. Es ist die Unschuld, die wir verloren, als wir nicht nur Natur, sondern auch ein Wesen wurden, das zwischen Gut und Böse wählen konnte.

In unserer jüdisch-christlichen Kultur heißt es, daß wir das Paradies der Unschuld verloren, als Eva vom Baum der Erkenntnis aß und Adam verführte, das ebenfalls zu tun. Das war eine Revolte gegen das Gesetz Gottvaters, und seither ist unsere Kultur von diesen drei miteinander verwobenen Themen geprägt: dem Bruch mit dem Gesetz des Vaters, dem Erwerb des Wissens um Gut und Böse, der Annahme des freien Willens.

Neben der Entstehung einer Medienkultur ist der Übergang von einer Kultur des Schicksals zu einer Kultur der freien Entscheidung eines der wichtigsten Merkmale der modernen Zeit. Grenzen und Einschränkungen sind identitätsbestimmend. Was in der ersten Hälfte des zwanzigsten Jahrhunderts noch eine vom Schicksal gebotene Identität konstituierte – Geschlecht, Religion, Geographie, soziale Schicht –, tut dies heute nicht mehr. Für die früheren Generationen galten vielfach die Gesetze einer schicksalhaften physiologischen, sozialen und kulturellen Selbstverständlichkeit. Eine Frau war eine Frau, ein Mann ein Mann. Frauen ehelichten Männer derselben Glaubensgemeinschaft, einer vergleichbaren sozialen Schicht und häufig aus demselben Ort. Frauen legten dabei nach dem Gesetz den Namen des Vaters ab, unterwarfen sich dem Mann und gebaren unter Schmerzen Kinder. Die Männer erklärten sich nach dem Gesetz verantwortlich für die Versorgung der Kinder, die ihren Namen trugen, und schufteten den lieben langen Tag für den Lebensunterhalt von Frau und Kindern. Männer und Frauen, die sich diesem Schicksal entzogen, stellten eine Ausnahme von der Regel dar. Menschen, die eine Ausnahme von der Regel darstellten, wurden berühmt oder lebten am Rande der Gesellschaft.

In einer Kultur, in der Identitäten in nachlassendem Maße vom Schicksal bestimmt werden und zunehmend eine Sache der persönlichen Entscheidung sind, schwingt nicht länger die nackte Wahrheit das Zepter. Heutzutage werden Identitäten zum Kauf angeboten. Jemand zu sein ist zu einer Frage von Maßarbeit und freier Entscheidung geworden, und damit fällt es jetzt in den Bereich der eigenen Verantwortung und der eigenen Schuld. Mit der Zunahme solcher Maßarbeit und freien Entscheidung haben fiktionale und theatralische Elemente Einzug in die moderne Kultur gehalten. Wir betrachten die anderen und uns selbst als die Regisseure der eigenen Existenz, und wenn das Theaterstück floppt, ist unser Urteil genauso schonungslos wie das irgendeines Rezensenten in der Zeitung. Glück betrachten wir als etwas, was uns geglückt ist, oder als etwas, das es schon irgendwo zu kaufen geben wird. Die uns umgebende Wirklichkeit und wir selbst haben damit eine eindeutige, selbstverständliche, vom Schicksal bestimmte Identität verloren. Die Jacke wurde zum Rock, Männer wurden zu Frauen, Marokkaner zu Niederländern, die freundlichen irakischen Studenten zu Terroristen. Dadurch ist eine Kultur des Mißtrauens entstanden, eine Kultur, die wir auf echte und unechte Äußerungen hin abklopfen. Die Lüge fürchten wir weniger als den trügerischen Augenschein der freiwillig gewählten Fiktion.

Der Einzug des freien Willens und der Fiktion in Bereiche, in denen früher noch das Schicksal und seine unerbittliche Wahrheit herrschten, hat auch eine gewisse Gespaltenheit zur Folge. Der Transsexuelle verzichtet nicht nur auf den Körper des Mannes, der er war, sondern auch auf seinen Namen und die Rolle, die er in der Vergangenheit als Mann spielte. In seinen wechselseitigen Beziehungen appelliert er an die anderen, ihn nicht länger als Mann zu betrachten, sondern ihn in seiner selbstgewählten Gestalt und sozialen Rolle als Frau anzuerkennen. Das gleiche gilt für diejenigen, die ihre Identität nicht mehr aus dem Vaterland, das sie verlassen haben, oder aus der sozialen Schicht oder religiösen Gruppierung, von der sie sich freigemacht haben, ableiten: Was einst passiv die persönliche Identität definierte, ist abgespalten und nicht mehr ausschließlich bestimmend für ihre Bedeutung. So gern wir es auch abstreiten, ausschlaggebend für die wechselseitige Beziehung zu Transsexuellen, Immigranten und Neureichen ist, ob die Ausfüllung der gewählten Identität geglückt ist oder nicht. Erst wenn der Mann nicht mehr in der Frau durchschimmert, der Immigrant nahtlos Niederländisch spricht und sich der Lack der Kultiviertheit nicht mehr ohne weiteres abkratzen läßt, werden wir leichter mit den selbstgewählten Identitäten umgehen können. Wir tendieren dazu, unser Urteil aufgrund der Überzeugungskraft ihrer gewählten Identität zu fällen, und bis das Urteil günstig ausfällt, betrachten wir sie eher als Schauspieler in einem Theater denn als Personen, die sich aktiv zu ihrem Geschlecht, ihrem Land, ihrer sozialen Schicht verhalten.

Die kreative Maßarbeit und die freie Entscheidung haben die Grenzen von Bereichen überschritten, wo es früher nichts zu wählen gab. Eine der Folgen des vermehrten Vorhandenseins fiktionaler und selbstgewählter Elemente in einer Kultur ist eine Zunahme der einseitigen Beziehungen, der Position des Zuschauers. Der Transsexuelle bittet uns, ihn als Frau zu betrachten und sie fortan nicht mehr Franz sondern Francien zu nennen, so wie die neue Gläubige Bwami Sankari genannt werden möchte und nicht mehr Truus. Der Immigrant bittet uns, ihn als Niederländer zu betrachten, der neue Millionär bittet um den Respekt, der zu seiner erworbenen sozialen Stellung gehört, die geliftete Frau bittet uns, sie als jung und attraktiv zu betrachten: Es sind Identitäten, die an unser Vermögen appellieren, mit der Vermischung zwischen echt und unecht zu leben und umzugehen.

Um den Begriff der einseitigen Beziehung zu verdeutlichen, ziehe ich einige Beispiele aus dem sozialen Leben heran, bei denen diese Beziehung von jeher auf einer freiwilligen Entscheidung beruht. Das Element des Scheins und des Theaters spielt bei der Interpretation der einseitigen Beziehung eine große Rolle. Für eine Philosophie des Mordes müssen wir die Begriffe der Fiktion in Anspruch nehmen. Mord ist meiner Ansicht nach Folge einer einseitigen Beziehung zu den anderen. Einseitige Beziehungen haben wir zu Menschen, die Theater und Fiktion kreieren, die so tun, als ob. Der Unterschied zwischen dem Fanatiker, der zum Mörder wird, und den Machern von Fiktion liegt in der bewußten oder eben nicht bewußten Entscheidung für den Schein. Die Pole bilden einerseits die gewählte Unfreiheit der Fixierung und des Fanatismus und andererseits die gewählte Freiheit des Spiels und der Einbildung. Man könnte sagen, daß der Mörder und der Schriftsteller an den entgegengesetzten Enden der Fiktion stehen: Der eine lebt in der Gefangenschaft der Einbildung, und der andere kreiert aus freiem Willen eine neue Welt der Einbildung für ein Publikum. Fiktion zu machen, und sei es von sich selbst, ist ein aktiver Prozeß, bei dem ein Produkt zustande kommt, das einer Gesellschaft angeboten wird. Der Mörder dagegen gibt nicht, sondern nimmt. Er zeichnet sich durch die Passivität der Identifikation mit einem Ideal oder einer Idealfigur aus. Der Mörder eines Idols ist immer Teil eines Publikums, einer Anhängerschaft. Und ein Anhänger wird von etwas gezogen, passiv, genau wie beim Fahrzeug.

Die Beispiele aus dem sozialen Leben, mit denen ich die freiwillig gewählte Welt der einseitigen Beziehung zu verdeutlichen versuche, sind: der Psychiater, die Nonne, die Hure und der Schauspieler. Alle diese Berufe gründen auf einer ökonomisch wechselseitigen und symbolisch einseitigen Beziehung. Die Unterscheidung zwischen Ökonomie und Symbolik – zwischen Geld und Fiktion, zwischen echt und unecht – ist Teil ihrer Existenz und eine freiwillig gewählte Differenzierung. Für alle vier gehört ein abgegrenzter Raum zur Definition ihres Berufes und ihres sozialen Status, und alle vier betreten mit dem Raum eine fiktive Realität.

Was der Psychiater, die Nonne, die Hure und der Schauspieler gemein haben, ist, daß sie in ihrem sozialen Leben eine Rolle erfüllen, die von ihnen verlangt, daß sie einen Teil ihrer Persönlichkeit verbergen, abspalten, anonym halten, beiseite lassen. Was sie darüber hinaus gemein haben, ist, daß sie diese Rolle erst in dem Moment spielen, da sie einen abgegrenzten Raum betreten, und daß dieser Raum von dem Moment an, da sie die Schwelle überschreiten, ihre Identität definiert. Die Nonne wird zur Nonne durch das Kloster, der Psychiater ist Psychiater in seinem Sprechzimmer, die Hure spielt die Hure im Puff, und der Schauspieler nimmt im Theater die Rolle einer Figur ein. Der abgegrenzte Raum schafft eine symbolische Identität. Die symbolische Identität liefert ein Produkt gegen Bezahlung. Außerhalb der Grenzen des Raums macht die symbolische Identität nur noch einen Bruchteil der persönlichen Identität aus. Außerhalb des Klosters kann die Nonne Lehrerin sein, kann der Psychiater Vorlesungen an der Universität halten, kann die Hure Mutter sein und im Supermarkt einkaufen gehen, kann sich der Schauspieler um seinen kranken Vater kümmern. Außerhalb des abgegrenzten Raums ist jemand der Sohn oder die Tochter von Eltern, der Bruder oder die Schwester von Blutsverwandten, der Vater oder die Mutter von Kindern.

Außerhalb des abgegrenzten Raums ist jemand »echt« für andere da.

Sobald ein Klient die Schwelle des Sprechzimmers eines Psychiaters überschreitet, unterwirft er sich den Regeln der Beziehung, die von dem Moment an gelten. Der Klient spricht, und der Psychiater hört zu. Mit welchen Schwierigkeiten der Psychiater auch gerade in seinem persönlichen Leben zu kämpfen haben mag, das Szenario verlangt von seiner Rolle, daß er das beiseite schiebt und im therapeutischen Gespräch nicht aufs Tapet bringt. Ein Psychiater tischt einem Klienten nicht die eigenen Probleme auf, sondern widmet sich während dieser fünfzig Minuten, in diesem geschlossenen Raum, ganz dem Klienten, und für die fünfzig Minuten ungeteilter Aufmerksamkeit blättert dieser eine nicht unbeträchtliche Summe hin. Man könnte sagen, daß sich der Klient mit dem Geld das Recht erkauft, kein wohlmeinendes Interesse am persönlichen Leben des Psychiaters an den Tag legen zu müssen, sondern ausschließlich über sich reden zu dürfen, ohne sich schuldig fühlen zu müssen. Er kauft sich von der Verantwortung los, die er in einer wechselseitigen Beziehung hätte. Denn im normalen Leben ist der Umgang miteinander anders geregelt, und man gilt schnell als herzloser Egoist, wenn man fünfmal die Woche fünfzig Minuten lang ununterbrochen von sich selbst redet, ohne sich auch nur ein einziges Mal zu erkundigen, wie es denn dem anderen geht. Da macht man sich an der Beziehung schuldig. Man trägt dem anderen keine Rechnung.

Die Hure verlangt heutzutage eine etwa genauso hohe Summe wie der Psychiater für ungefähr das gleiche. Für diesen Betrag wird sich die Hure während einer begrenzten Zeitspanne in einem abgegrenzten Raum ganz dem Kunden widmen und sich nicht um ihren eigenen sexuellen Genuß kümmern, und sie wird, nur weil es zur Steigerung seines Genusses beiträgt, so tun, als hätte sie auch großen Spaß daran. Sie spielt diese genußfreudige, zugewandte Frau und tut das meistens unter der schützenden Anonymität eines anderen Namens. Wanda, Wendy, Chantal. Damit kann sie jenen Teil ihrer Person, der die Liebe nicht spielt, sondern in einer wechselseitigen Beziehung normale, echte Liebe gibt und empfängt, von dieser theatralischen, symbolischen Wirklichkeit der bezahlten Liebe abschirmen.

Der Schauspieler verdient sein Einkommen damit, daß er sich während einer bestimmten Zeitspanne im geschlossenen Raum des Theaters ganz der Unterhaltung des Publikums widmet. Er tut das nicht dadurch, daß er dort als sein normales

Selbst steht, sondern indem er eine Rolle spielt, eine Rolle, für die er den Namen Hamlet, George oder Willy annimmt, solange das Spiel dauert. Das Publikum kauft eine Eintrittskarte, um den Schauspieler eine Figur verkörpern zu sehen.

Beim Eintritt in einen Klosterorden legt die Novizin das Gelübde der Armut ab und verzichtet auf ihren persönlichen Besitz, und von dem Moment an sorgt der Orden für ihren Lebensunterhalt. Um kenntlich zu machen, daß sie sich von ihrer weltlichen Persönlichkeit trennt, legt sie den Namen ihres Vaters ab und darf sich nun einen anderen Namen aus dem reichen Repertoire weiblicher Heiliger aussuchen. Franziska, Hubertina, Petronelli. Sie zieht sich aus dem normalen Leben zurück, in einen abgegrenzten Raum, um sich den größten Teil des Tages ganz einer unnormalen Beziehung weihen zu können, der Beziehung zu Gott, dem physisch abwesenden Vater, Sohn und Heiligen Geist, der nunmehr ihr himmlischer Gemahl ist.

Der Psychiater, die Nonne, die Hure und der Schauspieler fallen allesamt unter die Ökonomie der bezahlten Liebe. Bezahlte Liebe wird ohne Ansehen und Unterscheidung der Person gegeben, ist an eine räumliche Absonderung gebunden und wird erst gegeben, wenn die Schwelle des abgegrenzten Raums überschritten wird, und sie erfordert eine

Rolle. Um diese Rolle spielen zu können, wird ein Teil der eigenen Identität außer Kraft gesetzt. Mit dem Betreten des Raums, der das Spiel definiert – das Sprechzimmer, das Kloster, der Puff, das Theater –, wird die normale Welt und jener Teil der Persönlichkeit, der in der normalen Welt fungiert, buchstäblich ausgesperrt. Man kann es eine Form bewußter Schizophrenie, gewollter Gespaltenheit nennen. Innerhalb des Raums, in dem gespielt wird, herrschen andere Gesetze als die normalen; in diesem Raum gelten die Gesetze des Theaters, des Scheins, der Illusion, kurz, die Gesetze der Fiktion. Und darin ist auch das Ich ein fiktionales, symbolisches Ich.

Voraussetzung für eine einseitige Beziehung zu Gott, zu einem Publikum oder zu einer Klientel ist die freie Entscheidung für diese Produktion von Schein, und für diese Fiktion wird Geld hingeblättert.

Der Beruf, für den ich mich entschieden habe, ist Ausdruck der individuellen Beziehungen zu der Gesellschaft, der ich angehöre. Ich stelle etwas her oder tue etwas für einen anderen, und der andere belohnt mich für das Produkt, das ich liefere. Mein Beruf und das, worauf sich die Gesellschaft aufgrund dieser Beziehung berufen kann, sind Teil meiner sozialen Identität. In Berufen, die sich durch ökonomisch wechselseitige und symbolisch einseitige Beziehungen auszeichnen, ist ein »echter« Kontakt nicht Sinn der Sache. Es ist nicht Sinn der Sache, daß die Nonne eines Morgens neben Christus erwacht, mag sie auch seit vierzig Jahren Seine Braut sein, denn es handelt sich um eine symbolische Ehe und eine für den säkularen Denker einseitige Beziehung. Es ist nicht Sinn der Sache, daß sich der Klient voll freundschaftlicher Besorgnis um das Wohl und Wehe des Psychiaters kümmert, denn nur wenn das Gesetz der einseitigen Beziehung eingehalten wird, hat die Analyse eine Chance auf Erfolg. Ein Puffläufer wäre kein Puffläufer, wenn er glauben würde, er müsse, nur weil er Sex mit einer Prostituierten gehabt hat, eine Beziehung zu ihr eingehen und sich für ewig an sie binden, denn gerade von der Schuld der wechselseitigen Beziehung kauft er sich ja los. Und schließlich wäre es eine einzige Katastrophe, wenn sich jeder einzelne aus einem tausendköpfigen Publikum nicht mit der Einseitigkeit der Beziehung zwischen sich und dem Schauspieler abfinden würde, den er am Abend hat spielen sehen, den er am nächsten Tag auf der Straße wiedererkennt, der aber ihn nicht gesehen hat und deshalb auch nicht grüßt. Man stelle sich vor, daß tausend Männer und Frauen, die sich nicht mit ihrer Anonymität abfinden, am Tag nach einer Vorstellung allesamt bei einem klingeln, weil sie meinen, man sei ihnen etwas schuldig und sie hätten einen Anspruch darauf, erkannt, anerkannt und unterschieden zu werden.

Der Mörder und der Stalker sind solche Männer und Frauen. Sie läuten an meiner Tür, weil sie sich nicht mit ihrer Rolle im Spiel abfinden. Der Mörder stellt Ansprüche an den anderen, auch wenn er diesen nicht persönlich kennt, weil er der Meinung ist, daß der andere ihn benachteiligt, ihm schadet, ihn demütigt, bedroht, auch wenn dieser andere ihn nicht persönlich kennt. Ansprüche an einen anderen stellt man, wenn man den eigenen Ansprüchen selbst nicht gerecht werden kann. Es sind Ansprüche, die aus dem einseitigen Monolog abgeleitet werden, den der, der sich im Recht wähnt, gegenüber dem vermeintlich Schuldigen hält, aus den diktierenden Stimmen im Kopf, die den Phantasten zum Helden machen und die Berühmtheit zum Bösewicht, aus der introvertierten Phantasie, Recht zu haben, das Recht, das in der Einbildung erworben wird, ohne daß ein »echter« anderer etwas Kritisches einwenden könnte. Der Mörder und der Fanatiker beziehen ihre Identität aus einer einseitigen Beziehung zu einem Ideal, die sie zu Hütern von Gottes Geboten macht, zu Rettern der Menschheit, Beschützern wehrloser Tiere, Verteidigern des Rechts auf Grund und Boden, Rächern der verletzten Ehre. In der Abgeschlossenheit der Phantasie nimmt eine Identität den Charakter einer unveränderlichen Figur an, die nie in einer wechselseitigen, kritischen Beziehung beurteilt wird. Das eigene Image existiert im Kopf und hat keinerlei ökonomische oder symbolische Wirklichkeit. Wahr gemacht wird es erst durch den Mord.

Der Mörder produziert keine Fiktion, sondern lebt in der Gefangenschaft seiner eigenen Einbildung. Indem wir ihn in den am stärksten begrenzten Raum einsperren, den wir kennen, verurteilen wir ihn zur Begrenztheit seines phantasmagorischen Ichs. Die Schöpfer von Fiktion werden immer an das eigene Denkvermögen der Menschen appellieren, nicht an ihre Sehnsüchte, einem Glauben anzuhängen oder einem Ideal zu dienen und sich damit vor ihrer eigenen Verantwortung zu drücken. Wir entziehen dem Mörder die Autonomie, das Spielerische, die Freiheit und die Schönheit der Fiktion, weil er das Theater ermordet, weil er nicht mit dem komplexen Leben symbolischer Persönlichkeiten umzugehen versteht. Ein Mörder darf nicht mehr mitspielen, denn er hat die Spielregeln verletzt. Der Mörder steht auf der anderen Seite der Fiktion: Dadurch daß er im Namen einer absoluten Wahrheit einem anderen das Leben nimmt, nimmt er sich und anderen die Phantasie. Er ermordet die Fiktion.

Psychiater, Nonne, Hure und Schauspieler sind Beispiele für Berufe, in denen eine Wirklichkeit in Fiktion umgewandelt wird, in ein Spiel mit Spielregeln. Die Elemente der Wirklichkeit, die sie transformieren, sind wichtige Pfeiler einer menschlichen Existenz: die Fähigkeit, Einblick in den eigenen Geist und die eigenen Gefühle zu gewinnen, die Fähigkeit zu glauben, die Fähigkeit zu lieben und die Fähigkeit zu spielen und sich selbst zu verwandeln. Der Psychiater, die Nonne, die Hure und der Schauspieler bieten der Gesellschaft, in der sie ihren Beruf ausüben, gegen Bezahlung eine symbolische Identität, und sie tun das ohne Unterscheidung der Person. Wir sorgen für ihren ökonomischen Unterhalt, indem wir für diese symbolische Identität bezahlen. Voraussetzung dafür, daß sie eine symbolische Identität wahren können, ist die einseitige Beziehung zwischen ihnen und der sozialen Gruppe, die sie in Anspruch nimmt. Was sie in Gestalt ihrer Person anbieten, ist ein Produkt: seelische Betreuung, Glaube, Sex und Spiel. Der Schutz, den sie genießen und der zugleich eine Voraussetzung für das Erkennen und Anerkennen einer symbolischen Identität und für die Billigung der Gesetze des Genres ist, ist ein abgegrenzter Raum, der mit dazu dient, ihre Identität zu definieren. Wenn die einseitige Beziehung mißverstanden wird und in Mord ausufert, ist das unter anderem darauf zurückzuführen, daß dem Bereich des öffentlichen Lebens in einer modernen Medienkultur diese räumliche Abgrenzung fehlt.

Personen des öffentlichen Lebens unterhalten die gleiche Beziehung zur Gesellschaft wie der Psychiater, die Nonne, die Hure und der Schauspieler, nämlich eine ökonomisch wechselseitige und symbolisch einseitige. Auch sie tun dies ohne Ansehen der Person. Der Politiker, der Popstar, die Fernsehgröße, der Künstler und der Schriftsteller liefern ein Produkt gegen Bezahlung, und dieses Produkt ist an eine symbolische Persönlichkeit oder ein Image gekoppelt, zu der oder dem ein Publikum eine einseitige Beziehung hat. Der Unterschied zwischen Personen des öffentlichen Lebens und den zuvor genannten Berufen liegt darin, daß Personen des öffentlichen Lebens nicht durch die Abgegrenztheit eines Raumes geschützt sind. Der Bereich des öffentlichen Lebens ist grenzenlos. Und weil definierende und schützende Grenzen fehlen, empfinden wir Personen des öffentlichen Lebens als vogelfrei. Grenzen sind identitätsbestimmend und diktieren die Regeln des Umgangs miteinander. Fehlen diese

Grenzen, fehlt auch das Gesetz des Genres, das Gesetz des Unterschieds zwischen echt und unecht. Berühmtheiten sind leichte Beute für das allsehende Auge der Kameras, für das schießende Teleobjektiv des Fotografen von der Regenbogenpresse, für das vernichtende Urteil der Zeitungen, für die Fangstricke der Klatschblätter, für den lauernden Blick der Royaltywatcher auf der Straße. Sie sind Freiwild, jedermanns Urteil und Verfolgung ausgesetzt. Im öffentlichen Raum denkt niemand, daß er vor der Puppenbühne sitzt und auf Kasperl und Gretel schimpft. Die Medien sind überall. Öffentlichkeit wird gleichbedeutend mit Grenzenlosigkeit. Nicht wir betreten einen abgegrenzten Raum, wenn wir mit Medien zu tun haben, sondern die Medien dringen in unsere abgegrenzten Räume ein.

Weil ein abgeschlossener, bedeutungstiftender Raum fehlt, fällt auch die Voraussetzung dafür weg, daß wir eine Person als Vertreter eines Produktes sehen können, und damit wird unsere Fähigkeit, zwischen echt und unecht zu unterscheiden, außer Kraft gesetzt. Die Medien, die die vogelfreien Berühmtheiten jagen, machen Jagd auf die Illusion des Echten. Es ist das neue Versprechen der Tageszeitungen, der Klatschpresse, der Biographen, des Fernsehens, daß sie die Berühmtheit zeigen werden, wie sie »in echt« ist, daß sie sie ihrer Symbolik berauben werden, ihres Images, ihrer Unechtheit, um sie gnadenlos zu demaskieren und ihre Wahrheit zu enthüllen. Die Medien stehen im Dienste einer Kultur des Mißtrauens. Sie unterstellen häufig Betrug, wo schlicht und einfach die Gesetze des Theaters herrschen. Der neue Wahrheitsanspruch der Medien verrät das Unvermögen, symbolische Persönlichkeiten zu tolerieren und mit einer von bewußtem Schein und freier Entscheidung geprägten Kultur umzugehen. Das traurige Paradox, das in der Jagd nach dem Echten zutage tritt, ist, daß dieselben Medien den Schein und die Images auch brauchen und produzieren. Charaktermord ist im Niederländischen eine irreführende Übersetzung eines Begriffs, der genau dieser Vermengung, für die die Medien sorgen, nämlich der zwischen echt und unecht, entnommen ist. Charakter wird im Niederländischen mit echt assoziiert, während der ursprüngliche englische Begriff eine Reputation, ein Image, eine fiktive Figur meint. Was im Zusammenhang mit den Medien Charaktermord genannt wird, ist genau das: die Vernichtung einer Figur. Der Mörder spricht gebrochen englisch. Er ermordet einen Charakter.

Der Puffläufer, der zu einer Hure geht, entscheidet sich für das Theater der Liebe, und die Hure entscheidet sich dafür, ihm den Schein von Liebe zu verkaufen. Diese ökonomisch wechselseitige und symbolisch einseitige Beziehung ist für beide Parteien im Spiel eine freiwillige Entscheidung, und wenn es ordnungsgemäß abläuft, halten sich beide Parteien an die Regeln des Szenarios. Die Abgegrenztheit des Raums, die Vereinbarungen untereinander, der ökonomische Tausch und das beiderseitige Einverständnis mit der symbolischen Rolle im Spiel gewährleisten die Klarheit des Umgangs miteinander und räumen die maßgeblichsten Gründe für ein eventuelles Mißtrauen aus. Man handelt nicht mit Echtheit, sondern mit Fiktion. Ebendiese Klarheit fehlt in einer Kultur, die immer mehr einseitige Beziehungen erfordert, aber keine Abgrenzungen mehr bietet, mit Hilfe deren wir die Art einer Identität ausmachen und die Gesetze des Genres durchschauen können. Wir verlangen von den Medien in zunehmendem Maße, daß sie das echte Leben offenbaren, und die Medien prätendieren immer häufiger, das auch tatsächlich zu tun. Um dem Schein von Echtheit gerecht werden zu können, werden reichlich fiktionale Mittel aufgeboten.

Am 26. November 2003, dem Thanksgiving Day, besucht der Präsident der USA unverhofft seine Truppen im Irak. Eine erlesene Gesellschaft von Journalisten und Fernsehleuten darf mit ihm fliegen, auf daß die Medien die Wahrheit dieser väterlichen Geste festhalten und der Welt zeigen können. Im Gepäck befindet sich die Attrappe eines enormen Truthahnbratens, ein Dekorationsstück aus einer Schaufensterauslage, ein Theaterrequisit. Mit diesem falschen Truthahn läßt sich George W. Bush ausführlich filmen und fotografieren, und die Medien arbeiten ergeben mit. Kaum zu fassen, daß die Soldaten noch mit solchem Appetit auf den Klumpen Plastik blicken. Durch diesen unechten Truthahn wird die ganze wohlwollende Geste George W. Bushs zu Theater.

Im selben Monat entspinnt sich eine Diskussion über den Dokumentarfilm *Ford Transit*, in dem der Regisseur Hany Abu-Assad einen palästinensischen Taxifahrer in den besetzten Gebieten begleitet und zeigt, mit welchen Schwierigkeiten und Kalamitäten er bei der Ausübung seines Berufs hier konfrontiert ist. Zu sehen ist unter anderem ein Streitgespräch zwischen dem palästinensischen Fahrer und einem israelischen Soldaten an einem Wachtposten. Das Gespräch führt dazu, daß der Israeli dem Palästinenser einen Stoß ins Gesicht versetzt. Später stellt sich heraus, daß der Taxifahrer und der Soldat Schauspieler sind und die gesamte Dokumentation, einschließlich dieser Auseinandersetzung, Theater ist. Sie tun nur so, als ob.

In der sich entspinnenden Diskussion geht es um echt und unecht, um die Zulässigkeit von Fiktion in einem Genre, das vorgibt, die Wirklichkeit wiederzugeben. In der niederländischen Kultursendung *R. A. M.* äußert einer der Moderatoren, er habe sich geprellt gefühlt, als er hörte, daß es sich um Theater und Schauspieler handelte. Geprellt fühlt man sich in einer Ökonomie der Schuld, wenn man etwas anderes bekommt, als die Verpackung verspricht. Der Regisseur verteidigt sich damit, daß er keinen Unterschied zwischen einem Spielfilm und einem Dokumentarfilm sehe und selbst die täglichen Nachrichten ein kaum vorstellbares Höchstmaß an Fiktion enthielten.

Zur selben Zeit unternehmen Ministerpräsident Jan Peter Balkenende und Justizminister Piet Hein Donner einen Versuch, das Königshaus vor einigen Satiresendungen im niederländischen Fernsehen zu schützen. Ihr Argument lautet, daß die satirischen Sketche, in denen die Königin und ihre Familie nachgespielt werden, langsam aber sicher den Status der Monarchie untergraben würden. Was Balkenende und Donner damit sagen, ist, daß Fiktion, die Kunst der Satire, die echte Wirklichkeit antasten oder zerstören könne. Ihr Versuch, die Wirklichkeit vor der Kunst zu schützen, wird nun seinerseits zum Gegenstand von Satire.

Anfang Dezember bekommen wir Fernsehbilder von dem Mann zu sehen, der seit dem Frühjahr 2001 von den Medien in »der Kannibale von Rotenburg« umgetauft wurde. Hinter dieser Figur verbirgt sich der zweiundvierzigjährige Armin Meiwes, der sein freiwilliges Opfer über eine Kannibalensite im Internet fand. Er suchte nach einem Mann, der getötet und gegessen werden wollte, und bekam den dreiundvierzigjährigen Ingenieur Bernd-Jürgen Brandes. Seiner eigenen Darstellung nach erfüllte Meiwes einen kannibalistischen Tötungswunsch. Er hat Brandes den Genuß des gemeinsamen Verzehrs seines Penis und schließlich des Todes verschafft. Das alles hat Meiwes auf Video aufgenommen. Nach Brandes' Tod hat er den Leichnam in Stücke geschnitten und bis zu seiner Verhaftung gut zwanzig Kilo davon verzehrt. Der Rest liegt noch in der Kühltruhe. Er sagt, sie hätten einander über das Internet in ihren Phantasien über die Tat derart in Erregung versetzt, daß der tatsächliche Vollzug unabwendbar wurde. Er sagt, er habe sich immer nach einem Freund gesehnt, der ihn nie mehr verlassen würde, und daß Brandes zu einem Teil seiner selbst geworden sei, seit er ihn gegessen habe. Er spricht jetzt plötzlich englisch.

Das alles ist willkürlich aus den Nachrichten rund eines Monats im ausgehenden Jahr 2003 herausgegriffen. Die angeführten Berichte illustrieren allesamt, inwiefern die Unterscheidung zwischen echt und unecht, zwischen Fiktion und Wirklichkeit, zwischen der Macht der Phantasie und der Unsichtbarkeit der wechselseitigen Beziehung unsere Beurteilungen beeinflussen. In einer Welt der Medien und selbstgewählten Identitäten regiert nicht mehr das philosophische Gespann: Wahrheit und Lüge, sondern das Gespann: echt und unecht. Und zwischen diesen Begriffspaaren besteht ein Unterschied. Bei der Unterscheidung von Wahrheit und Lüge beruft man sich auf eine vermeintlich vorhandene Essenz, und dieses Postulat wird bei der Unterscheidung von echt und unecht nicht aufgestellt. Man spricht nicht von der Wahrheit eines A-Cups oder der Lüge einer aufgespritzten Lippe. Man spricht auch nicht von der Wahrheit oder Lüge des Immigranten, des Transsexuellen, des Neureichen. Man sagt höchstens, daß sie mal platt, häßlich, Türke, Mann, Fahrradhändler waren.

Halten wir an den Gegensätzen aus der Vorkriegszeit fest, dann ist echt genau das Entgegengesetzte von unecht, nachgemacht, Fälschung, Phantasie, Theater, Fiktion, so tun, als ob, von einem Produkt, das einem Publikum geliefert wird. Es fragt sich, ob diese Gegensätzlichkeit aufrechtzuerhalten ist.

Der amerikanische Präsident, der ein Wählerpublikum dadurch für sich zu gewinnen versucht, daß er sich mit einem unechten Truthahnbraten filmen läßt, wird zu einem Schauspieler mit einem Attribut. Diese Illusion des Echten wird ihm von seinen Wählern angekreidet werden, weil sie einen Schatten auf das wirft, was wie eine authentische gute Tat aussah. Und das im Gegensatz zu der Auswirkung, die die Lüge seines Vorgängers auf dessen Wählerschaft hatte, nämlich die Lüge Bill Clintons, daß er nie Geschlechtsverkehr mit dieser Frau, Miss Lewinsky, gehabt hätte. Die Öffentlichkeit verurteilte ihn nicht für die Lüge, sondern belohnte ihn für seine echte Männlichkeit, für seine wahrhaftige Anziehungskraft, seine unverhohlene Jungenhaftigkeit und Ungezogenheit.

Der Regisseur, der glaubt, er vergreife sich nicht an der Wahrheit, wenn er Schauspieler in einem Dokumentarfilm die Wirklichkeit spielen läßt, betrügt sein Publikum mit Theater, wo das Gesetz des Genres Wirklichkeit verspricht. Mit der Rhetorik des Künstlers rechtfertigt er seinen Kunstgriff, indem er sagt, es hebe vielmehr die echte Wirklichkeit hervor, wenn man fiktionale Mittel einsetze und die Unterscheidung zwischen Spielfilm und Dokumentarfilm nicht länger gelten lasse, und indem er sich hinter dem postmodernen Credo versteckt, daß alles Fiktion sei. Doch in einer Welt, in der die Wirklichkeit abgeschafft ist, läßt sich mit fiktionalen Mitteln nichts hervorheben.

Der niederländische Ministerpräsident, der einen symbolischen Vertreter des Volkes, eine Person des öffentlichen Lebens par excellence vor dem fiktionalen Genre der Satire zu beschützen versucht, wird selbst zum Gegenstand von Satire, weil ein Mensch mit ein bißchen kulturhistorischer Bildung weiß, daß jeder König Nutzen zieht aus dem Schabernack des Narren, der ihn schamlos verspottet.

Der Kannibale, der sich durch kein Gesetz davon abhalten läßt, seine persönliche Phantasie umzusetzen, und seinen Mord auf Video aufnimmt, lebt in der Annahme, die verfilmte Wiedergabe der Wirklichkeit würde die Wahrheit aufdecken, und diese Wahrheit würde ihn von der Schuld der Tötung eines Menschen freisprechen.

Echt und unecht sind die neuen Normen, nach denen wir das Verhalten und das Erscheinungsbild von Personen des öffentlichen Lebens beurteilen. Wir beurteilen sie nach ihren gefälschten Haaren, gefälschten Brüsten, gefälschten Lippen, nach ihrer gefälschten Nase und gefälschten Haut, ihrem gefälschten Lächeln, ihrem gefälschten Geschlecht, ihren gefälschten Geschichten oder, wie im Fall Saddam Husseins und seiner Söhne, nach ihrer gefälschten Persönlichkeit. Der Wunsch nach Echtheit hat eine Geschichte, und das heißt, daß er kein intrinsischer Wunsch der Menschheit ist, sondern ein Konstrukt, das in einer bestimmten Zeit auftaucht. Der Wunsch nach Echtheit ist ein moderner Wunsch, und er sagt etwas darüber aus, in welcher Weise wir die uns umgebende Wirklichkeit erfahren. Wir sind inzwischen auf der Hut vor der Wirklichkeit, weil sie so, wie sie sich uns präsentiert, nicht mehr unverfälscht und echt ist. Wenn wir den scharfen Gegensatz zwischen echt und unecht als Beurteilungskriterium aufrechterhalten, leben wir in einer Welt von Betrug, Fiktion, Manipulation und inszeniertem Theater. Es ist wichtig zu sehen, daß es darum geht, eine Welt außerhalb von uns beurteilen zu können, eine Welt, die uns durch die Medien präsentiert wird und zu der wir eine einseitige Beziehung haben. Wir können sehen und urteilen, ohne selbst gesehen und beurteilt zu werden. Selbstanalyse, der Versuch, zwischen unseren eigenen echten und falschen Motiven, unseren Urteilen und Emotionen zu differenzieren, der Versuch, die Wahrheit unserer eigenen Identität kennenzulernen, würde in der einseitigen Beziehung nicht weiterhelfen. Wir fragen uns nicht, warum wir über Personen des öffentlichen Lebens so urteilen, wie wir es tun. Wir fragen uns nicht, warum wir dem einen trauen und dem anderen nicht, was das mit uns selbst und unserer persönlichen Geschichte zu tun hat. Wir fragen uns nicht, wie der andere uns sieht und ob wir den Erfordernissen für eine gute Beziehung entsprechen, denn der andere sieht uns nicht, und eine echte Beziehung haben wir nicht.

Die Philosophie hat eine Tradition der autobiographischen Schriften, der persönlichen Geschichten von Denkern, die durch Selbstanalyse sich selbst und ihre Beziehung zur Welt zu deuten und zu verstehen versuchen. Eine der ersten autobiographischen Schriften, *Confessiones (Bekenntnisse)*, wurde im vierten Jahrhundert nach Christus, um das Jahr 397, von Augustinus von Hippo verfaßt. Es ist die unumwundene Selbstanalyse eines Mannes, der Gott sucht und findet und seine eigene Geschichte nicht ohne Bezugnahme auf die Geschichte Gottvaters, die Heilige Schrift, erzählen kann. Im sechzehnten Jahrhundert warnt Michel de Montaigne den Leser, daß er nichts als sich selbst porträtieren werde, ohne Ausschmückungen, mit allen dazugehörigen Schwächen, und ein Jahrhundert später läßt sich René Descartes beim Schreiben seines Hauptwerkes *Discours de la méthode* von dem Wunsch leiten, wahr und unwahr voneinander zu unterscheiden, und er tut dies, indem er sich selbst zu Rate zieht, durch Selbstanalyse. Das wohl bekannteste Beispiel für eine schonungslose Selbstanalyse unter Berufung auf die eigene Aufrichtigkeit und die Wahrheit folgt im achtzehnten Jahrhundert mit Jean-Jacques Rousseaus *Confessions*. Obwohl es ein vierzehn Jahrhunderte altes Buch gleichen Titels gibt, eröffnet Rousseau, eitel wie ein Unwissender, sein Buch mit der prompten Unwahrheit, daß er etwas tue, was nie zuvor getan worden sei und niemals wieder getan werde: Er wird einen Menschen zeigen, wie er wirklich ist, und dieser Mensch ist er selbst.

Die Selbstanalysen, von denen diese bekannten autobiographischen philosophischen Schriften zeugen, gründen alle auf der Überzeugung, daß ihre Verfasser am Ende vor einem Gott, der größer ist als sie selbst, Rechenschaft über ihren Charakter und ihre Lebensweise ablegen müssen. Sie stellen sich der Beurteilung von jemandem, der in ihrer Geschichte gut und böse unterscheiden kann. Für sie existiert eine Wahrheit, an der ihr Leben gemessen werden kann, und diese Wahrheit glauben sie in einem Buch präsentieren zu können.

Seit Gottes Tod sind wir uns selbst überlassen. Uns fehlt nicht nur ein Gottvater, der die Wahrheit über uns gepachtet hat, das mangelnde Mißtrauen gegenüber der Wahrheit der eigenen Geschichte kommt uns heute auch naiv vor. Modernen Vorstellungen entsprechend sind wir davon durchdrungen, daß jede Geschichte, auch die autobiographische, etwas Geschaffenes ist, das sich den Gesetzen der Fiktion nicht entziehen kann. Wir mißtrauen mittlerweile nicht nur der Wirklichkeit der Medien, sondern auch unseren eigenen Erinnerungen und Geschichten, der Wahrheit über unsere eigene Identität. Dazu hat uns die Moderne genügend Anlaß gegeben. Auch ohne Freud gelesen zu haben, sind wir mit der Bedeutung des Unterbewußten aufgewachsen, mit psychologischen Prozessen wie Verdrängung, Verdichtung, Projektion und Depersonalisation, mit den verheerenden Auswirkungen traumatischer Ereignisse auf das Erinnerungsvermögen, mit den prägenden Einflüssen der Sprache und der Medien auf unsere Wünsche und Gefühle. Wir kennen aus der Zeitung zahllose Berichte über Fälle erfundener Erinnerungen, namentlich in bezug auf Inzest und Mißhandlung, die peinliche juristische Verfahren nach sich zogen. Wir kennen Beispiele für andere Fabulanten, für Leute, die sich eine ganze Vergangenheit zusammenphantasiert haben und Grausamkeiten und Greuel bezeugten, die sie erlitten hätten, was zu Recht angezweifelt und bei Nachforschungen ins Reich der Einbildung verwiesen wurde.

Es ist nicht nur die Psychologie des Unterbewußten, die uns mehr als Augustinus, Descartes, Montaigne und Rousseau auf der Hut vor der Echtheit oder Unechtheit der Geschichten sowohl anderer wie von uns selbst sein läßt, wir haben auch allen Grund, unsere Emotionen nicht als Ausdruck unserer eigenen Identität schlechthin zu betrachten, sondern als teilweise autonome Fabrikationen eines ingeniösen Körpers. Die moderne Neurologie hat uns Kenntnisse über die Funktion unseres Gehirns und unserer Hormone und den Einfluß, den sie auf unsere Gefühle und unser Handeln haben, verschafft, Kenntnisse, über die die illustren Vorgänger in der Selbstanalyse nicht verfügten. Für sie war Glück noch normal, für uns ist es eine komplizierte Frage. Wir wissen mittlerweile, daß es auf einem Zusammenspiel zwischen der biochemischen Wirkung von Neurotransmittern wie Serotonin und Dopamin und deren Beeinflussung durch die Umgebung und unser eigenes Handeln beruht.

Wir alle sind mit Bildern von Konzentrationslagern, von aufeinander schießenden Parteien, von umherliegenden Leichen nach einem Selbstmordattentat aufgewachsen. Wir wissen, daß der Mensch dem Menschen ein Wolf sein kann, und mir fällt kein Grund ein, warum wir uns nicht auch selbst in ein mordendes Monster verwandeln könnten, wenn wir so viele Beispiele dafür zu sehen bekommen, wie leicht eine derartige Transformation offenbar zustande kommt. Wir trauen uns selbst nicht mehr und der uns umgebenden Wirklichkeit schon gar nicht.

Fiktion schafft Figuren. Kennzeichnend für die Romanfigur ist, daß sie innerhalb der Grenzen des Buches bleibt und unveränderlich ist. Holden Caulfield bleibt immer derselbe Holden Caulfield, so wie er von J. D. Salinger gemacht wurde. Mark David Chapman identifizierte sich mit einer Romanfigur, das heißt mit einer unveränderlichen, erfundenen Person. Er ermordet jemanden, den er nicht als echt betrachten kann, dem er aber vorwirft, sich verändert zu haben. Dieser Vorwurf ist verständlich, wenn wir uns klarmachen, daß John Lennon in seinen Augen eine Figur ist. Er wirft ihm vor, daß er lebt. Lennon entspricht Chapmans Ansicht nach nicht mehr dem Markenwert, den er ihm in seiner Jugend zuerkannte.

(Eine Garantie ist es nicht, aber zumindest im Falle von Dr. von Gandersheim hatte die Beschwörung durch das Echte Erfolg. Er hat mich nicht ermordet. Er tauschte eine Phantasie gegen die Wirklichkeit ein und schickte mir in den letzten Monaten seines Lebens den Wein, den er am liebsten trank, die Bücher, die er las und die ihm gefielen, die Zeitungsartikel, die ihn bewegt hatten. Er konnte sich vorstellen, daß ich trank, was er trank, und las, was er las. Dann starb er.)

Jemanden zu ermorden heißt, ihm das Vermögen zu nehmen, sich zu ändern. Man schiebt dem Leben einen Riegel vor und verbannt den anderen von da an in das Gebiet der Erinnerungen und der Geschichten, in das Dasein als Figur. Man beendet das Leben eines Menschen, der selbst Fiktion gemacht hat. Diese Stillegung, diese Festlegung wird aus einer obsessiven Fixiertheit heraus begangen. Die Fixiertheit des Fanatikers verrät ein Verlangen nach Gefangenschaft, nach der Unfreiheit des Unveränderlichen, nach der Schuldlosigkeit des Schicksals, nach dem Verlust des sich frei entscheidenden, veränderlichen, verantwortungsbewußten, spielenden Selbst.

Die einseitige Beziehung eines Publikums zu Personen, die es durch die Medien kennenlernt, leistet dem Hang zur Fixierung Vorschub. In einer wechselseitigen Beziehung bessern wir unsere Urteile über den anderen laufend nach und lassen uns durch das, was der andere über uns zu sagen hat, korrigieren. Fehlt dieser kritische Austausch, entsteht der Hang zur Fixierung oder Idealisierung. Gott ist unveränderlich und unkennbar. Dazu ist er Gott. Er ist transzendent, befindet sich außerhalb der bestimmenden, definierenden Grenzen der Wirklichkeit. In gewissem Sinne erfüllt jedes Ideal diese Voraussetzungen. Und wie Gott repräsentiert jedes Ideal ein eigenes System von Regeln, Normen, Geboten und Verboten. Der Glaube, der eine einseitige Beziehung verlangt, läßt sich nur durch die Befolgung der Gebote und Verbote, die den Wert des Ideals ausmachen, bewahren. Es sind die Regeln, die das Spiel definieren, doch ein Spiel ist ein Spiel, ein Spiel gehört in den Bereich der Fiktion, des Als-ob. Einseitige Beziehungen erfordern ein Element des selbstgewählten Scheins, und wer mitspielt, muß die Regeln kennen und beherzigen. Die Regeln regulieren die Beziehung zwischen einem Gläubigen und seinem Gott, zwischen der Hure und dem Puffläufer, zwischen dem Psychiater und seinem Klienten, zwischen dem Schauspieler und dem Publikum, zwischen dem Fan und dem Idol, zwischen dem Schriftsteller und seinem Leser.

Die Phantasie und das Ideal liegen nicht weit auseinander. Der Mörder sieht sich durch keinerlei reales Gesetz daran gebunden, seine Phantasie in Wirklichkeit umzusetzen. Er rechtfertigt seine Verletzung der normalen Gesetze aus dem Szenario seiner Fiktion heraus, aus einem Normensystem heraus, das ihm das transzendente Ideal bietet. Sowohl die Phantasien über sich selbst als auch die Phantasien über sein ideales Opfer geben ihm den Freibrief für den Mord. Damit transzendiert er die Wirklichkeit und ihre Normen. Der Mörder hält an der Unveränderlichkeit seiner eigenen Figur fest, und darin ähnelt er dem Idealisten im platonischen Sinne.

Zur Vermittlung seiner Philosophie der Wahrheit stellte Plato uns als Gefangene in einer Höhle dar, die dort an der Wand lediglich die veränderlichen Schatten der unsichtbaren, unveränderlichen Wahrheiten zu sehen bekommen: der Ideen. Diese sind in der Seele beheimatet und haben keine Körperlichkeit. Ins zwanzigste Jahrhundert übersetzt, läßt sich diese Vorstellung mit dem Bild vom modernen Fernsehpublikum messen, das vergißt, daß die Bilder lediglich Bilder sind, Maßarbeit. Der große Unterschied zwischen dem Urteil, das Plato über den betrogenen Menschen fällte, und dem, das wir in der heutigen Zeit über das Leben in einer Medienkultur fällen, liegt darin, daß Plato der Wahrheit noch eine Chance gab, während wir lieber gar nicht mehr davon reden. Uns fehlen der Eichpunkt und das Vertrauen, die man dazu benötigte. Nur der Gläubige und der rabiate Idealist laufen noch mit einer Seele voller unveränderlicher Ideen herum. Die Probleme, die Platos Unterscheidung zwischen einer Welt veränderlicher, trügerischer Vorstellungen und der Welt unveränderlicher, wahrer Ideen für den Besitz von Wissen aufwirft, lassen sich nur mit Hilfe eines dualistischen Menschenbildes lösen. Platos Anschauung nach ist der Mensch Körper und Seele, und die sind scharf voneinander getrennt. Der Körper repräsentiert alles, was mit der Welt der Schattenbilder zu tun hat: den Betrug, die Lüge, den Schein, den Genuß. Die Seele repräsentiert alles, was mit der Welt der Ideen zu tun hat: die Offenbarung, die Wahrheit, das Wesen, das Gute. Nur wer Seelenkenntnis sucht, findet die Wahrheit der Ideen. Der Wahrheit zuliebe klammert Plato den Körper aus. Der Wahrheit zuliebe wird damit auch alles, was an den Körper gebunden ist – der Schein, die Fiktion und der Betrug –, zum Schweigen verurteilt. Das eingebildete Vermögen, zwischen wahr und unwahr unterscheiden zu können, ist es, woraus der Idealist seine kritiklose Überlegenheit ableitet. Die Idee ist wahr und gut, ich repräsentiere diese Wahrheit und das Gute, und daraus leite ich das Recht ab, den Körper des betrügenden, bedrohlichen, schlechten anderen zu töten. Der Mörder tut in Wirklichkeit, was Plato in der Philosophie tat: Er ermordet die Fiktion kraft seiner vermeintlichen Wahrheit, er verurteilt einen anderen ein für allemal zum Schweigen. Was Plato vielleicht nicht realisierte, ist, daß der Dualismus, den er vertrat, auch zum Tode von Sokrates führte.

Das Ideal, die Phantasie und die Fiktion repräsentieren eine eingebildete Welt. Jeder, der glaubt, daß diese eingebildete Welt das Wesentliche umfaßt, die Wahrheit und das wahre Echte darstellt, entzieht sich einer Wirklichkeit, in der es die Wahrheit schwerer hat als in der Welt der Einbildung. Wir leben in einer Kultur, in der Körper und Geist miteinander verwoben sind, in der echt und unecht Hand in Hand gehen, in der die Fiktion wichtige Aspekte der menschlichen Existenz durchdrungen hat: die Liebe, den Körper, das Land. Die uns umgebende Wirklichkeit weist keine Essenzen auf, sondern Vermischungen, Bewegungen, Metamorphosen, Hybriden, Schwerstarbeit der Einbildung. In einer Kultur, die sich althergebrachten identitätsbestimmenden Bedingungen des Schicksals entzogen hat, gehen Fiktion und Wirklichkeit Hand in Hand. Mit einem Dualismus, der rigoros zwischen echt und unecht unterscheidet, kommen wir nicht mehr aus. Denn um an eine Wahrheit zu glauben, benötigt man einen Eichpunkt, die heilige Überzeugung, daß man aufgrund einer absoluten, unveränderlichen Größe Wahrheit und Lüge voneinander trennen kann. Doch eine unveränderliche

Größe wird immer in die Welt des Ideals, in die Welt des Glaubens, in die Welt der Einbildung gehören. Das neue Phänomen der Reality-Show liefert ein Modell einer modernen Kultur, in der das echte Leben zugleich Show ist. Gerade der, der meint, sie voneinander trennen zu können, begeht einen Irrtum, und der ist manchmal tödlich. Die Sehnsucht nach dem unverfälscht Echten ist eine Sehnsucht nach starrer Eindeutigkeit, nach der Absolutheit eines Ideals und nach der Einhaltung eines von dem Ideal diktierten Regelsystems. Wer die Fiktion ermordet, ermordet zugleich etwas, das sehr wohl bluten kann.

Der Mörder macht Wirklichkeit aus seiner eigenen Fiktion, und die Schauspieler und Schriftsteller machen Fiktion aus der Wirklichkeit. Die westliche Welt ist heute von Spielern bevölkert, und uns bleibt nichts anderes übrig, als uns in Bereichen mit der Fiktion anzufreunden, in denen uns zu anderen Zeiten noch das Schicksal eine unerbittliche Wahrheit lieferte. Wo die Fiktion und die freie Entscheidung herrschen, werden wir uns der Spielregeln, der Gesetze des Genres und unserer eigenen Rolle bewußt sein müssen. Wir müssen auf den Trost des Schicksals verzichten und das Gebiet der schweren Entscheidungsfreiheit und der famosen Unbarmherzigkeit der eigenen Schuld betreten.

Literatur

(in der Reihenfolge ihrer Erwähnung)

Eric Hoffer, *The True Believer. Thoughts on the Nature of Mass Movements*, Harper & Row, New York, 1951 (1981)

Jack Jones, *Let Me Take You Down. Inside the Mind of Mark David Chapman, the Man Who Killed John Lennon*, Villard Books, Random House, New York, 1992

J. D. Salinger, *Der Fänger im Roggen*, Kiepenheuer & Witsch, Köln, 2003. Neuübersetzung von Eike Schönfeld. Titel der Originalausgabe: *The Catcher in the Rye*, Hamish Hamilton, Middlesex, 1951 (1971)

S. I. Hayakawa, *Symbol, Status and Personality*, Harvest Book, Harcourt, Brace & World, Inc., New York, 1953 (1963)

Denise Noe, *All About the John Hinckley Case*, Court TV's Library. Criminal Minds and Methods (Internet)

Maureen Orth, *Vulgar Favors. Andrew Cunanan, Gianni Versace, and the Largest Failed Man-*

hunt in U.S. History, Dell Publishing, New York, 1999
Gary Indiana, *Three Months Fever. The Andrew Cunanan Story*, Harper Perennial, New York, 1999
Bob Collacello, *Holy Terror. Andy Warhol Close Up*, Harper Collins, New York, 1990
Andy Warhol, *The Philosophy of Andy Warhol*, Harcourt Brace Jovanovich, New York, 1975
Patricia Highsmith, *Der talentierte Mr. Ripley*, Diogenes, Zürich, 2002, aus dem Amerikanischen von Melanie Walz. Titel der Originalausgabe: *The Talented Mr. Ripley*, Coward-McCann, Inc., New York, 1955
Andrew Wilson, *Beautiful Shadow. A Life of Patricia Highsmith*, Bloomsbury, London, 2003
Jean-Paul Sartre, *Skizze einer Theorie der Emotionen*. In: *Die Transzendenz des Ego. Philosophische Essays 1931–1939*, Rowohlt, Hamburg, 1997, Deutsch von Uli Aumüller, Traugott König und Bernd Schuppener. Titel der Originalausgabe: *Esquisse d'une théorie des émotions*, Gallimard, Paris, 1939
Connie Palmen, *Het weerzinwekkende lot van de oude filosoof Socrates*, Prometheus, Amsterdam, 1992

Namenregister

Connie Palmen im Diogenes Verlag

Die Gesetze

Roman. Aus dem Niederländischen von Barbara Heller

Die Gesetze ist eine Sammlung unkonventioneller Liebesgeschichten, ein moderner Bildungsroman, eine brillant ausgedachte Geschichte von der Suche nach Selbstfindung und Glück.

»Das Wunder eines gelungenen modernen Entwicklungsromans. Tiefsinn und Selbstironie, Gedanke und Einfachheit, distanzierte Subjektivität und lakonische Feinheit der szenischen Beschreibung können miteinander bestehen. Und nicht zuletzt: Das Buch ist ein Findebuch, temporeich, lakonisch, voll Überraschungen.« *Dorothea Dieckmann / Die Zeit, Hamburg*

Die Freundschaft

Roman. Deutsch von Hanni Ehlers

Die Freundschaft ist ein Roman über Gegensätze und deren Anziehungskraft: Über die uralte und rätselhafte Verbindung von Körper und Geist; über die Angst vor Bindungen und die Sehnsucht nach Zugehörigkeit; über Süchte und Obsessionen und die freie Verfügung über sich selbst.
Ein Buch über eine ungewöhnliche Beziehung und über die Selbsterforschung einer jungen Frau, die lernt, ihrem eigenen Kopf zu folgen und sich von falschen Vorstellungen zu befreien. Es erklärt, warum Schuldgefühle dick machen und warum einen die Liebe in den Alkohol treiben kann. Warum man sich vor allem von der Liebe nicht zuviel versprechen darf. Und daß die Erregung im Kopf – das Denken – nicht weniger spannend ist als die im Körper. Ein aufregend

wildes und zugleich zartes Buch voller Selbstironie, das Erkenntnis schenkt und einfach jeden angeht.

»Die selten gelingende Verbindung erzählerischer Lebendigkeit und philosophischer Nachdenklichkeit wird gerühmt. Sie gehört auch zum Roman *Die Freundschaft*. Wer sich Lesen als Animation der Sinne und des Geistes wünscht, dem sei dieses Buch empfohlen.«
Walter Hinck/Frankfurter Allgemeine Zeitung

I.M.

Ischa Meijer – In Margine, In Memoriam

Deutsch von Hanni Ehlers

Im Februar 1991 lernen sie sich kennen: Ischa Meijer, in den Niederlanden als Talkmaster, Entertainer und Journalist berühmt-berüchtigt, macht mit dem neuen Shooting-Star der Literaturszene, Connie Palmen, anläßlich ihres Debüts *Die Gesetze* ein Interview. Es ist zugleich der Beginn einer *amour fou*, die ein Leben lang andauern würde, wenn sie die Zeit dafür bekäme: Im Februar 1995 stirbt Meijer überraschend an einem Herzinfarkt. *I.M.* ist Connie Palmens bewegende Auseinandersetzung mit einer großen Liebe und einem Tod, der sie selbst fast vernichtet hat.

»Der ungeheuer intime Bericht einer glühenden *amour fou* gehört zum Schönsten und Ergreifendsten, was je im Namen der Liebe zu Papier gebracht wurde.«
Beate Berger/Marie Claire, München

»Connie Palmen versucht, den Schmerz mit Worten zu erfassen, das Gefühl, allein nicht mehr leben zu können, die Sehnsucht nach dem Geruch des Partners, die Abneigung dagegen, umarmt zu werden – auch in Zeiten der Trauer und des Trost-Brauchens. Der Tod ist eine schriftstellerische Herausforderung für Connie Palmen, die sie mit einer stupenden Meisterschaft besteht.« *Alexander Kudascheff/Deutsche Welle, Köln*

Die Erbschaft

Roman. Deutsch von Hanni Ehlers

Als die Schriftstellerin Lotte Inden erfährt, daß sie unheilbar krank ist, stellt sie einen jungen Mann ein, der sich nicht nur um ihren zunehmend geschwächten Körper, sondern auch um ihre geistige Hinterlassenschaft kümmern soll. Max Petzler wird zum ersten Leser und Archivar ihrer lebenslangen Aufzeichnungen und Gedanken, die Bausteine für ihren letzten großen Roman. Da Lotte weiß, daß sie dieses Werk nicht mehr vollenden wird, bereitet sie Max darauf vor, daß seine Hände die ihren ersetzen können, ja, daß er ihren Roman zu Ende führen kann.
Je mehr sich Max auf diese ›Erbschaft‹ einläßt, desto mehr beginnt ihn die ungewöhnliche Frau zu faszinieren.

»Connie Palmen schreibt so leichtfüßig, so lakonisch und ironisch über Leben, Liebe und Tod – die großen Menschheitsthemen –, daß ihre Bücher zu Bestsellern wurden und sie selbst zur meistgelesenen niederländischen Autorin.«
Karin Weber-Duve/Brigitte, Hamburg

Ganz der Ihre

Roman. Deutsch von Hanni Ehlers

›Ganz der Ihre‹ – und doch keiner gehörend. Fünf Frauen, die in seinem Leben eine Rolle spielten, erzählen von ihren Erfahrungen mit Salomon Schwartz, dem notorischen Don Juan, tragisch Verstoßenen und begnadeten Verfasser süchtig machender Kolumnen. Ihre Berichte ergänzen sich zu einer fiktiven Romanbiographie, die nicht nur ein Individuum im Blick hat, sondern eine Gesellschaft.
Ganz der Ihre ist die Fortsetzung einer unvergeßlichen Liebesgeschichte: der von *I.M. Ischa Meijer – In Margine, In Memoriam,* ganz anders erzählt.

Jessica Durlacher im Diogenes Verlag

Das Gewissen

Roman. Aus dem Niederländischen
von Hanni Ehlers

Sie sieht ihn zum ersten Mal an der Universität: Er ist wie sie jüdischer Abstammung, beide Familien haben traumatische Kriegserinnerungen, sie erkennt in ihm ihren Seelenverwandten. Mit aller Wucht wirft sich die junge Edna in die Katastrophe einer Liebe, die sie für die ihres Lebens hält. Ein bewegendes Buch über eine Frau, die erst lernen muß, ihr Leben und Lieben in die richtige Bahn zu lenken.
Jessica Durlachers Romanerstling stand wochenlang auf den niederländischen Bestsellerlisten und wurde mit mehreren Nachwuchspreisen ausgezeichnet.

»Jessica Durlacher schreibt mit Gespür für Situationskomik und Selbstironie. Wer sich darauf einläßt, kann verstehen, mitfühlen und mitlachen.«
Ellen Presser/Emma, Köln

»Die klug gebaute Geschichte von Ednas Erwachsenwerden zwischen Männern, Vätern und jüdischer Vergangenheit liest sich sommerlich leicht, die Einblicke in die weibliche Psyche sind tief.«
Anne Goebel/Süddeutsche Zeitung, München

Die Tochter

Roman. Deutsch von Hanni Ehlers

Im Anne-Frank-Haus in Amsterdam lernen sie sich kennen: Max Lipschitz und Sabine Edelstein, beide Anfang Zwanzig. Ungewöhnlich und schicksalhaft wie der Ort ihrer Bekanntschaft ist auch die Liebesbeziehung, die sich zwischen ihnen entspinnt. Zuwei-

len ist Max von Sabines Vergangenheitsbesessenheit irritiert, denn worüber er lieber schweigen möchte, darüber möchte sie fast manisch reden: über die KZ-Vergangenheit ihrer beider Eltern.
Dann ist Sabine auf einmal ohne Erklärung verschwunden, für Max ein lange anhaltendes Trauma. Erst fünfzehn Jahre später sieht er sie überraschend wieder – und die alten Fragen tauchen wieder auf…

»*Die Tochter* ist eine Liebesgeschichte von solcher Wucht, daß man weiter und immer weiter liest. Mit ihrer spannenden, gut lesbaren, witzigen, klugen und unterhaltenden Art zu erzählen, findet Jessica Durlacher zu einer unserer Zeit angemessenen Kultur der Erinnerung.«
Hellmut Butterweck/Die Furche, Wien

»Eine ungewöhnlich faszinierende Geschichte über Beziehungen, packend und hintergründig von der ersten bis zur letzten Seite. Eines jener Bücher, die man nicht aus der Hand legen mag – ein besonderes, ein unbequemes Buch.«
Angela Delonge/Aachener Zeitung

»Jessica Durlacher ist eine souveräne Erzählerin.«
Sabine Doering/Frankfurter Allgemeine Zeitung

Leon de Winter im Diogenes Verlag

Leon de Winter wurde 1954 in 's-Hertogenbosch als Sohn niederländischer Juden geboren und begann als Teenager, nach dem Tod seines Vaters, zu schreiben. Er arbeitet seit 1976 als freier Schriftsteller und Filmemacher in Holland und den USA. Seine Romane erzielen nicht nur in den Niederlanden überwältigende Erfolge; einige wurden für Kino und Fernsehen verfilmt, so 2000 *Der Himmel von Hollywood* (Regie: Sönke Wortmann) und 2003 *SuperTex* unter der Regie von Jan Schütte.

»Leon de Winter ist ein wunderbar phantasievoller Erzähler. Er liebt seine Figuren, hat ein herrliches Gespür für deren Entwicklungen und Abgründe und erzählt immer leicht und lakonisch.«
Joachim Knuth / Norddeutscher Rundfunk, Hamburg

»Leon de Winter, mittlerweile zum Kultautor avanciert, ist ein gewiefter Erzähler, der dem Leser die Tür nur einen Spaltbreit öffnet und in ihm eine unstillbare Neugierde auf das weitere Geschehen erweckt.«
Hans Christian Kosler

Hoffmans Hunger
Roman. Aus dem Niederländischen von Sibylle Mulot

SuperTex
Roman. Deutsch von Sibylle Mulot

Serenade
Roman. Deutsch von Hanni Ehlers

Zionoco
Roman. Deutsch von Hanni Ehlers

Der Himmel von Hollywood
Roman. Deutsch von Hanni Ehlers

Sokolows Universum
Roman. Deutsch von Sibylle Mulot

Leo Kaplan
Roman. Deutsch von Hanni Ehlers

Malibu
Roman. Deutsch von Hanni Ehlers